Kestler · Der Umgang mit Jesus färbt ab

Joachim Kestler

Der Umgang mit Jesus färbt ab

Predigten
zum Lesejahr C

echter

Für die Abdruckgenehmigung danken wir den Verlagen:
Butzon & Bercker, Kevelaer (S. 44–46);
Hänssler, Neuhausen-Stuttgart (S. 63);
Impulse Musikverlag (S. 119).

Für die Abdruckgenehmigung des Bibeltextes (S. 70) danken wir der Kath. Bibelanstalt:
Einheitsübersetzung der Heiligen Schrift

Die Deutsche Bibliothek – CIP-Einheitsaufnahme

Kestler, Joachim:
Der Umgang mit Jesus färbt ab : Predigten zu allen Sonntagen im Lesejahr C / Joachim Kestler. – Würzburg : Echter, 1991
ISBN 3-429-01380-1

Mitglied der Verlagsgruppe »engagement«

Umschlag: Ernst Loew
Gesamtherstellung: Echter Würzburg
Fränkische Gesellschaftsdruckerei und Verlag GmbH
ISBN 3-429-01380-1

Inhalt

Vorwort 7
1. Adventssonntag – Lk 21, 25 – 28. 34–36 11
2. Adventssonntag – Lk 3, 1–6 15
3. Adventssonntag – Phil 4, 4–7 18
4. Adventssonntag – Lk 1, 39–47 22
1. Fastensonntag – Dtn 26, 4–10 25
2. Fastensonntag – Lk 9, 28b–36 29
3. Fastensonntag – Ex 3, 1–8a. 13–15 33
4. Fastensonntag – Lk 15, 1–3. 11–32 36
5. Fastensonntag – Joh 8, 1–11 40
2. Sonntag der Osterzeit – Apg 5, 12–16 43
3. Sonntag der Osterzeit – Joh 21, 1–19 47
5. Sonntag der Osterzeit – Offb 21, 1–5a 53
6. Sonntag der Osterzeit – Joh 14, 23–29 55
7. Sonntag der Osterzeit – Joh 17, 20–26 58
1. Sonntag im Jahreskreis – Lk 3, 15–16. 21–22 (Taufe des Herrn) 61
2. Sonntag im Jahreskreis – Joh 2, 1–11 64
3. Sonntag im Jahreskreis – Lk 1, 1–4; 4, 14–21 67
4. Sonntag im Jahreskreis – Jer 1, 4–5. 17–19 70
5. Sonntag im Jahreskreis – Lk 5, 1–11 73
6. Sonntag im Jahreskreis – Jer 17, 5–8 76
7. Sonntag im Jahreskreis – Lk 6, 27–38 80
8. Sonntag im Jahreskreis – Sir 27, 4–7; Lk 6, 39–45 . 84
9. Sonntag im Jahreskreis – Lk 7, 1–10 88
10. Sonntag im Jahreskreis – 1 Kön 17, 17–24; Lk 7, 11–17 91
11. Sonntag im Jahreskreis – Lk 7, 36–50 94
12. Sonntag im Jahreskreis – Lk 9, 18–24 98
13. Sonntag im Jahreskreis – Gal 5, 1. 13–18 102
14. Sonntag im Jahreskreis – Lk 10, 1–9 (Kurzfassung) . 106
15. Sonntag im Jahreskreis – Dtn 30, 10–14; Lk 10, 25–37 109

16. Sonntag im Jahreskreis – Gen 18, 1–10a; Lk 10, 38–42 113
17. Sonntag im Jahreskreis – Gen 18, 20–32; Lk 11, 1–13 115
18. Sonntag im Jahreskreis – Koh 1, 2. 2, 21; Lk 12, 13–21 117
19. Sonntag im Jahreskreis – Hebr 11, 1–2. 8–12 120
20. Sonntag im Jahreskreis – Hebr 12, 1–4 123
21. Sonntag im Jahreskreis – Hebr 12, 5–7. 11–13 . . . 126
22. Sonntag im Jahreskreis – Lk 14, 1. 7–14 129
23. Sonntag im Jahreskreis – Phlm 9b–10, 12–17 . . . 132
24. Sonntag im Jahreskreis – Lk 15, 1–10 136
25. Sonntag im Jahreskreis – Am 8, 4–7 139
26. Sonntag im Jahreskreis – Am 6, 1a. 4–7 142
27. Sonntag im Jahreskreis – Lk 17, 7–10 145
28. Sonntag im Jahreskreis – 2 Kön 5, 14–17 149
29. Sonntag im Jahreskreis – Lk 18, 1–8 153
30. Sonntag im Jahreskreis (Weltmission) – Lk 18, 9–14 157
31. Sonntag im Jahreskreis – Lk 19, 1–10 161
32. Sonntag im Jahreskreis – Lk 20, 27–38 164
33. Sonntag im Jahreskreis – Lk 21, 5–6 167
34. Sonntag im Jahreskreis – Lk 23, 35–43 173

Vorwort

»Bevor du von hier weggehst, möchte ich gern alle deine Predigten als Erinnerung.«
Ich weiß nicht, wie viele (wie wenige) Verkündiger das Glück hatten, daß so ein Wunsch an sie herangetragen wurde. Selten bekommen wir Tadel auf unsere Predigten zu hören, noch seltener Lob. Wäre nicht dieser Wunsch von einem Freund an mich herangetragen worden – ich hätte weder den Mut gehabt, meine Predigten zu veröffentlichen, noch die Kraft, sie alle neu zu tippen und gelegentlich leicht zu überarbeiten. Ich bin heute noch dankbar für diesen Wunsch, denn er hat mir für meine Arbeit als Verkündiger neue Kraft gegeben. Und mit dem Erscheinen dieses Buches geht er in Erfüllung.
Predigen ist für viele ein mühsames Geschäft. Für mich auch. Das beginnt schon beim Ton und der Sprache. Es ist gar nicht so einfach, wenn man frisch von der Universität kommt, so zu sprechen, daß jeder versteht, was man sagen will. Mein Bemühen war es, einfache Sätze zu bilden, sprachlich auf die Ebene der Zuhörer einzugehen. Darum finden sich auch so mancher Dialektausdruck oder umgangssprachliche Wendungen. Die lebendigste Sprache ist nun mal die, die von den Leuten täglich gesprochen wird. Manche Auslegung ist stark an der jeweiligen Gemeinde orientiert, in der ich damals war und für die ich diese Predigten gemacht habe.
Beides – sprachliche und zeitliche/örtliche Gebundenheit an konkrete Gemeinden – habe ich bewußt in Kauf genommen und daher auch darauf verzichtet, die Predigten für diese Veröffentlichung sprachlich zu glätten oder konkrete Beispiele durch allgemeine (und so oft nichtssagende) Beispiele zu ersetzen. Es sind gehaltene Predigten, Sprech-Texte. Es hilft mir persönlich, wenn ich jede Predigt ausformuliere. Aber ich bemühe mich dabei, sie so aufzuschrei-

ben, »wie mir der Schnabel gewachsen ist«. Und genauso stehen sie da.
Predigen und Verkündigen ist ein Prozeß. Man bleibt – hoffentlich – nie auf der Stelle stehen. Die Schrifttexte bleiben, aber der Kontext ändert sich. Es tauchen Probleme in der Gemeinde auf, in der großen Politik gibt es Veränderungen, und der Prediger ändert sich auch. So darf ich eigentlich hoffen, daß ich in drei Jahren, wenn ein Lesejahr wieder neu beginnt, selbst ein Stück weiter bin und wieder neu verkündigen kann. Denn die Schrifttexte verändern auch den Verkündiger – und sie müssen es. Denn wenn er sich nicht zuerst durch das Wort Gottes verändern läßt, kann er auch durch seine Predigt nichts in seiner Gemeinde verändern.
Bevor Ezechiel verkündigen darf, muß er die Schriftrolle essen: »Du aber, Menschensohn, höre, was ich zu dir sage. Sei nicht widerspenstig wie dieses widerspenstige Volk! Öffne deinen Mund und iß, was ich dir gebe. Und ich sah: Eine Hand war ausgestreckt zu mir; sie hielt eine Buchrolle. Er rollte sie vor mir auf. Sie war innen und außen beschrieben, und auf ihr waren Klagen, Seufzer und Wehrufe geschrieben. Er sagte zu mir: Menschensohn, iß, was du vor dir hast. Iß diese Rolle! Dann geh und rede zum Haus Israel! Ich öffnete meinen Mund, und er ließ mich die Rolle essen. Er sagte zu mir: Menschensohn, gib deinem Bauch zu essen, fülle dein Inneres mit dieser Rolle, die ich dir gebe. Ich aß sie, und sie wurde in meinem Mund süß wie Honig. Er sagte zu mir: Geh zum Haus Israel, Menschensohn, und sprich mit meinen Worten zu ihnen!« (Ez 2,8–3,4).
Ein beeindruckendes Bild! Jeder Verkündiger muß erst einmal selbst »gefressen« haben, wovon er spricht! Das Wort Gottes muß erst einmal durch ihn selbst hindurchgegangen sein, er muß es »verdaut« haben. Erst dann kann es wirken. Diesem Anspruch bin ich wohl nicht immer gerecht geworden. Für manche Predigt habe ich mir sicher zu wenig Zeit gelassen. Ich habe den Text nicht genügend »durchgekaut«, nicht »verdaut«, und darum war ich auch nicht erfüllt davon.

Andere Texte sind für mich bis heute »unverdaulich«. Sie »liegen mir im Magen«. Über sie kann ich eigentlich nicht predigen – und tue es trotzdem. Aus Angst, aus Feigheit vor der Blamage, wenn ich eingestehen müßte, daß ich dazu eigentlich nichts zu sagen habe?
In diesen Predigten habe ich versucht, zwei Grundsätze zu befolgen, die mir im Laufe meiner Predigtausbildung wichtig geworden sind:

1. Die Wahrheit ist konkret. Mit abstrakten und dogmatischen Wahrheiten kann der Hörer nichts anfangen. Solche Predigten sind zwar theologisch richtig, aber eben »nur« richtig.
2. »Wenn man vom Artikel der Rechtfertigung predigt, schläft das Volk und hustet; wenn man aber anfängt, Historien und Exempel zu sagen, da reckt's beide Ohren auf, ist still und hört fleißig zu ...« (Martin Luther). Predigt nicht als Märchenstunde oder als Aneinanderreihung von schönen Geschichtchen, aber als Versuch, die Schrift zu »erden« und mit unseren Erlebnissen und Erfahrungen in Verbindung zu bringen.

So widme ich dieses Buch all denen, die mir das Handwerk der Verkündigung beigebracht haben, all denen, die mir konstruktive Kritik entgegenbrachten und entgegenbringen, und vor allem jenem Freund, der mit seinem Wunsch den eigentlichen Anstoß zu diesem Buch gegeben hat.

Wiesen, den 4. Februar 1991 *Joachim Kestler*

1. Adventssonntag

Lk 21,25–28.34–36

Das Evangelium spricht vom letzten Advent, von der endgültigen Wiederkunft Christi. Jesus wird einmal wiederkommen – für die Welt als ganze und für jeden einzelnen von uns.
Ein paar Sätze aus dem heutigen Evangelium sind mir besonders wichtig:

1. »Die Menschen werden vor Angst vergehen in der Erwartung der Dinge, die über die Erde kommen.«

Viele Leute haben Angst. Angst vor der Zukunft, Angst vor einem Krieg, Angst davor, daß uns heute so vieles möglich ist und wir vielleicht die Kontrolle darüber verlieren, Angst vor dem, was mit uns und mit der Welt passiert.
Wenn ich die älteren Menschen in unserer Gemeinde besuche, dann sprechen viele davon: »Es hat sich so viel verändert gegenüber früher.« Vieles beunruhigt sie, was sie in der Zeitung lesen oder im Fernsehen beobachten. Und viele sagen dann: »Wir sind froh, daß unser Leben zu Ende geht. Wir sind froh, daß wir vieles nicht mehr miterleben müssen.«
Andere Menschen, eher die jüngeren, haben Angst vor dem Tod. Nicht so sehr vor dem Ende der Welt, dafür vor ihrem eigenen Ende. Der eigene Tod macht Angst. Was kommt danach? Stimmt das mit der Auferstehung? Oder kommt danach doch nichts?
Es kann einem wirklich angst und bange werden, wenn man mitverfolgt, was sich auf unserer Erde alles abspielt.
Aber Jesus sagt dann einen anderen Satz, der davon genau das Gegenteil ist:

2. »Wenn all das beginnt, dann richtet euch auf und erhebt eure Häupter, denn eure Erlösung ist nahe.«

Dieses Wort sagt er nicht zu allen, sondern zu seinen Jüngern. Zu denen also, die sich auf ihn verlassen. Zu denen, die ihn gern haben. Zu denen, die sich freuen, wenn er wiederkommen wird. – »Ihr braucht keine Angst zu haben! Für euch ist das kein Grund zum Fürchten, für euch ist das ein Grund zur Freude! Für euch beginnt dann kein Ende mit Schrecken, sondern für euch beginnt die Erlösung!«

Für mich spricht dieses Evangelium von zwei Möglichkeiten, wie man sich verhalten kann, wenn das Ende nahe ist: Vor Angst vergehen – oder »Kopf hoch«. Flüchten – oder standhalten.

Jesus weiß, daß Angst oft dazu führt, daß man flüchtet. Man betäubt die Angst. Darum sagt er auch: »Nehmt euch in acht, daß Rausch und Trunkenheit und die Sorgen des Alltags euch nicht verwirren.«

Ich glaube, daß viele Menschen heutzutage auf der Flucht sind vor sich selber und vor ihrer Angst. Sie fliehen in den Rausch, in den Lärm von Musik und von Motoren, in die Dauerberieselung von Fernsehen und Video, in die Betriebsamkeit von Arbeit und Freizeitstreß. Nur ja nicht allein sein, nur ja keine freie Minute, nur ja immer beschäftigt sein, immer unterwegs sein, immer unter Leuten sein. Denn die Angst könnte ja wiederkommen: die Angst, daß mein Leben sinnlos ist.

Flüchten – oder standhalten! Jesus sagt:

3. »Wacht und betet, damit ihr allem, was geschehen wird, entrinnen und vor den Menschensohn hintreten könnt.«

Das heißt doch: Flüchtet nicht vor euch selbst, flüchtet nicht vor all dem, was euch Angst macht. Seid Realisten! Seht den Tatsachen ins Auge – und bringt sie immer wieder vor Gott. Im Gebet steht ihr schon ein Stück drüber über den Dingen.

Jesus hat selbst gewußt, wovon er spricht. Er hat oft genug

selbst gewacht und gebetet. Er hat gegen die Angst angekämpft. Er hat gegen die Versuchung angekämpft, Gott nicht mehr zu trauen, nicht mehr an Gott zu glauben, an Gott irre zu werden, gott-los zu werden.

Er hat diese Angst bestehen können, weil er ohne Unterlaß gebetet hat. Das Gebet hat fest zu seinem Leben gehört. Weil er sich im Gebet mit Gott vertraut gemacht hat, deswegen erkennt er auch im Leid Gott auf seiner Seite. Wie soll einer Gott im Unglück erkennen, wenn er sich nicht in guten Tagen mit Gott vertraut gemacht hat?

Nur wer aus guten Tagen mit Gott vertraut ist, erkennt Gott auch in schlechten Tagen, in Zeiten der Ruhelosigkeit und der Angst. Darum bedrängt Jesus die Jünger: »Bleibt wach und betet ohne Unterlaß, vergeßt das Gebet nicht, damit ihr alles bestehen könnt, was noch auf euch zukommt.«

Wie aber kann man denn ohne Unterlaß beten?

Ein Beispiel, das mir selbst schon oft geholfen hat, möchte ich zum Schluß vorstellen. Der heilige Johannes Cassian empfiehlt jedem, der so unablässig beten will, folgendes Grundgebet:

»O Gott, komm mir zu Hilfe – Herr, eile mir zu helfen.«

Nur diesen einen Vers soll man beten – immer und immer wieder, wie eine Kuh ihr Futter ständig wiederkäut. Er selbst sagt dazu: »Für alle und in allen Situationen ist dieser Gebetsvers nützlich, ja notwendig.«

Wer nämlich immer und bei allen Gelegenheiten um Hilfe bittet, der bezeugt, daß er Gottes Hilfe nötig hat. Nicht nur bei schlimmen oder traurigen Anlässen, sondern auch im Glück und in der Freude. Mit diesem Gebet drückt er aus, daß Gott ihn aus Not und Unglück herausreißen soll oder im Glück und in der Freude lassen soll.

In diesem kleinen Vers sollen wir also betend leben.

Wenn uns Unglück trifft, damit wir daraus befreit werden.

Und wenn wir glücklich sind, damit wir dann nicht hochmütig und überheblich werden. »Ja, ohne Unterbrechung bedenke diesen Vers in deinem Herzen«, sagt der Heilige.

»Singe ihn vor dich hin, wenn du mit einer Arbeit beschäftigt bist oder einen Dienst verrichtest oder wenn du auf Reisen bist. Bete ihn, selbst im Schlaf und beim Essen, ja sogar, wenn du ein gewisses Örtchen aufsuchst. Hast du dieses Gebet schließlich so verinnerlicht, dann betest du es im Schlaf weiter. Es wird dir zur zweiten Natur. Wachst du auf, dann bist du gleich wieder vor allen anderen Gedanken in diesem Gebet, und es begleitet dich den ganzen Tag über, was immer du tust.«
Handle so – dann wird dieser kleine Vers dein immerwährendes Gebet.

2. Adventssonntag

Lk 3, 1–6

Als ich diese Worte gelesen habe: »Jede Schlucht soll aufgefüllt werden, jeder Berg und Hügel sich senken«, mußte ich an die Baustelle zwischen Untersteinbach und Karbach denken. Man kann sicher streiten, ob diese neue Straße so notwendig war. Aber diese Baustelle zeigt ganz gut, was Johannes der Täufer meint.

Er greift damit ein viel älteres Wort des Propheten Jesaja auf. Und Jesaja meint wirklich eine Großbaustelle. Eine Straße durch die Fels- und Steinwüste. Eine Straße, wie sie die Israeliten in der babylonischen Gefangenschaft tatsächlich bauen mußten. Nur jetzt sollen sie so eine Straße nicht für einen fremden König und fremde Götter bauen.

Jetzt sollen sie alles vorbereiten für die Begegnung mit ihrem Gott. Für ihn sollen sie ganze Berge abtragen und Schluchten auffüllen. Schluchten sind gefährliche Hindernisse, Berge versperren die Sicht. Aber man soll Gott schon von weitem sehen können, wenn er kommt.

Eine Baustelle ist mit Arbeit, mit Lärm, mit Kosten verbunden. Eine Baustelle, eine neue Straße verändert das Gesicht einer Landschaft.

Ich habe das Gefühl, als ob der Advent für viele von uns ebenfalls mit Lärm, mit Arbeit und mit Kosten verbunden ist. Nur, daß es nicht so recht vorwärts geht. Eher im Gegenteil!

Als ob Jahr für Jahr die Berge von Aufgaben höher werden, die vor Weihnachten aus dem Boden wachsen.

Als ob jedes Jahr die Schluchten von Enttäuschung und Feiertagsfrust tiefer werden.

Als ob jedes Jahr die Kosten für das Fest höher werden – und man immer weniger sieht, wo das Geld eigentlich hingekommen ist.

Als ob es von Jahr zu Jahr schwerer wird, etwas von Gottes Ankunft zu spüren.
Sind wir womöglich auf der falschen Baustelle? Bauen wir überhaupt Straßen für Gott – oder bauen und wursteln und werkeln wir nur für uns selbst? Wir haben Advent auf vier Wochen des Jahres zusammengepfercht. Da vermehren wir unsere Aktivitäten und bereiten ein Fest vor. Aber für wen und für was eigentlich?
Johannes sagt: »Bereitet dem Herrn den Weg! Die Berge und Hügel sollen abgetragen und die Schluchten aufgefüllt werden, damit Gott kommen kann!« Da liegt der Unterschied. Dieser Aufruf versetzt nicht in blinden Eifer, sondern in heiligen Eifer und in heilsame Unruhe. Das ist eine Aufgabe, die das ganze Jahr gilt und die jedes Jahr gilt. Nur wird sie uns vor Weihnachten vielleicht bewußter als zu anderen Zeiten.
Wie ist das denn in unserer Seelenlandschaft? Da gibt es doch Streit, der noch nicht ausgeräumt ist und wie ein Berg voneinander trennt. Da gibt es vielleicht noch Vorwürfe, die wie Berge zwischen Ehepartnern stehen und darauf warten, abgetragen zu werden. Da gibt es vielleicht die abgrundtiefe Enttäuschung über einen Menschen, da sind Gräben zwischen uns so tief, daß man nicht mehr miteinander reden kann. Da hat man vielleicht einen ganz schönen Berg an persönlicher Schuld zusammenkommen lassen. Das sind Berge und Schluchten, die die Ankunft Gottes in unserem Leben noch behindern.
Im Lauf dieses Jahres haben wir vielleicht schon manche Steine aus dem Weg räumen können. Im Lauf des Jahres ist vielleicht manches Loch gestopft worden. Aber es hat auch das Gegenteil gegeben.
Eine Baustelle verändert das Gesicht einer Landschaft. Ich bin sicher, wenn wir verstärkt Wege für Gott bauen, dann bauen wir automatisch auch Wege zueinander. Da kommt das Heil Gottes zu uns. Darum verstärken wir gerade in diesen Wochen die Baumaßnahmen seitens der Pfarrei.

Unsere Dorfversammlungen, Glaubenskurse, die Bibelabende und Frühschichten, die Bußgottesdienste und die Beichttermine – all das sind Gelegenheiten, Berge abzutragen und Schluchten aufzufüllen.
Ich bin sicher: Gottes Heil kommt, und es befreit und heilt uns, wenn wir solche Vorurteile und Streitigkeiten abtragen und alte Feindschaften zuschütten.

3. Adventssonntag

Phil 4, 4–7

Für diese Predigt werden folgende Gegenstände benötigt: ein Opferlicht oder Teelicht, ein durchsichtiges buntes Glas, ein größerer Stein, ein Leuchter.

»Freut euch«, sagt Paulus. Hört sich gut an. Aber wenn mir gar nicht danach zumute ist? Wenn ich Leid zu tragen habe? Wenn einer von uns um einen Menschen trauert? Wenn jemand Krankheit zu tragen hat? Freude kann man doch nicht befehlen! Freude kann man doch nicht selbst machen oder erzwingen!
Ich glaube, Paulus will auch keine Freude befehlen. Es ist vielmehr ein Wunsch, den er da hat: »Freut euch dennoch!« Als er das schreibt, sitzt er selbst im Gefängnis. Er muß sogar damit rechnen, gefoltert oder getötet zu werden. Trotzdem wünscht er seinen Christen in Philippi, daß sie sich freuen. Es ist schwer, das in Worte zu fassen, welche Freude er meint. Vielleicht könnte man am ehesten sagen: Seht nicht so schwarz, seid optimistisch, bleibt heiter und gelassen!
Und warum eigentlich? Das Leben ist oft hart genug. Wir haben oft keinen Grund, uns zu freuen. Paulus sagt: »Freut euch *im Herrn zu jeder Zeit!* Freut euch, weil ihr zu Gott gehört. Ihr seid ganz in Gott geborgen, wie ein Kind im Mutterleib. Egal, was kommt – Gott ist um euch.« Ist das kein Grund zur Freude? Letztlich kann uns doch gar nichts passieren. »Ob wir leben oder sterben, wir gehören dem Herrn«, sagt er auch einmal.
»Freut euch!« – Manche Menschen können das anscheinend nicht mehr. Sie laufen herum, als ob sie die ganze Last des Daseins allein zu tragen hätten. Als ob das ganze Leben nur noch Arbeit, Anstrengung und Mühe wäre. Als ob man

nie etwas zu lachen hätte. Tiefe Sorgenfalten durchziehen die Gesichter, keine Miene verzieht sich zu einem Lächeln. Wenn sie den Mund aufmachen, kommt nur Gejammer heraus. Selbst den Glauben empfinden sie oft nur als bloße Last, der Gottesdienst wird zur Verpflichtung. Solchen Menschen zu sagen »Freut euch!« ist zwecklos. Sie wissen nicht, was Freude eigentlich ist.
Andere Menschen wissen darum. Sie strahlen Freude aus. Man spürt richtig, daß sie gern leben, sich an Kleinigkeiten freuen können, die Dinge positiv sehen. Ihre Freude kommt ganz von innen heraus. Ich glaube, das ist es, was Paulus meint: Freude als Lebenseinstellung, als Haltung. Solche Freude kann man nicht machen – aber man kann sie lernen.
Ich möchte ein bißchen aufzeigen, wie man diese Freude lernen kann.

(Opferlicht anzünden)

Freude ist für mich wie ein Licht, wie diese Kerze. Freude brennt in mir drin.
Aber die Freude hat viele Feinde. Freude ist gefährdet durch den Neid anderer Menschen, durch ihre Vorurteile und Unterstellungen. Wer selber unzufrieden oder neidisch ist, wer sich selbst nicht mag, der wird auch bei anderen immer nur das Schlechte und die Fehler sehen. Er wird bei anderen auch nur kritisieren und herumnörgeln. So etwas löscht jede Freude aus.

(Glas über die Kerze stülpen)

Vielleicht ist das der Grund, warum wir so oft immer nur die Fehler von anderen weitererzählen anstatt ihre guten Seiten und Stärken?

(Kerze wieder anzünden)

Freude hat noch andere Feinde. Die Sorgen zum Beispiel.

(Stein hochhalten)

Sorgen verstellen uns den Blick. Sie nehmen uns allen Schwung. Sie drücken uns nieder. Sie nehmen unser ganzes Denken in Beschlag. Wir sehen nur noch Sorgen – und nichts mehr, worüber wir uns freuen könnten. Auf diese Art können die Sorgen jede Freude am Leben ersticken.

(Stein auf die Kerze legen)

(Kerze wieder anzünden)

Und noch andere Feinde gibt es für die Freude: Das ist der Streit, der Unfrieden, die ständigen Eifersüchteleien, das dauernde Nachtragen von Fehlern oder das Aufrechnen von Versäumnissen.
Das ständige Gefühl: Ich komme zu kurz und den anderen geht's viel besser. All das strengt so an, daß man bald den letzten Funken Freude verliert.

(Kerze ausblasen)

Freude hat viele Feinde. Aber wie kann ich dann lernen, Freude zu meiner Lebenseinstellung zu machen?
Zuallererst ist wichtig, daß ich lerne, mich selber zu mögen. Daß ich mein Licht nicht unter den Scheffel stelle, sondern auf den Leuchter. Daß ich lerne, zu genießen. Wer nicht mehr genießen kann, wird bald selbst ungenießbar. Daß ich lerne, gut zu sein und andere gelten zu lassen. Wer selber innen voll Freude ist, wird allmählich sich selbst, die anderen und das Leben mit Augen der Freude sehen.

(Kerze anzünden und auf den Leuchter stellen)

Freut euch im Herrn zu jeder Zeit. Noch einmal sage ich euch: Freut euch! Eure *Güte* werde allen Menschen bekannt!
Als zweites müssen wir lernen, unsere Sorgen loszulassen. Die Frage ist: Haben wir Sorgen – oder haben die Sorgen uns?

Wenn die Sorgen uns in ihrer Gewalt haben, verlieren wir alle Freude. Wenn wir die Sorgen haben, dann können wir sie auch wieder loslassen.
»Sorgt euch um nichts, sondern bringt in jeder Lage betend und flehend eure Bitten mit Dank vor Gott.« Wer seine Sorgen Gott hinhält, läßt sie schon ein Stück los. Und wer Freude in sich hat, findet bei allen Bitten auch immer noch etwas zum Danken.

(Stein auf den Altar legen)

Wer das gelernt hat, dem wird die Freude nicht so leicht ausgehen. Im Gegenteil, der bekommt noch etwas dazugeschenkt:
»Der Friede Christi, der alles Verstehen übersteigt, wird eure Herzen und eure Gedanken in der Gemeinschaft mit Christus Jesus bewahren.«
Wer Freude in sich hat, bekommt auch Frieden mit Jesus und mit anderen. Das ist etwas so Großartiges, daß selbst Paulus es nicht beschreiben kann. Es übersteigt unser Verstehen. Aber dieser Friede sorgt dafür, daß unsere Freude nicht ausgeht.

(Kerze ins Glas auf den Leuchter stellen)

Diese Freude und diesen Frieden wünsche ich uns allen.

4. Adventssonntag

Lk 1,39–47

Was Lukas erzählt, ist die Geschichte von zwei Frauen, die es mit Gott zu tun bekommen. Die eine, Elisabeth, ist schon alt. Ihr ganzes Leben lang hat sie auf ein Kind gewartet. Für die anderen Leute galt sie als unfruchtbar. Da ist nichts zu machen.
Aber ihre Hoffnung geht in Erfüllung. Gott hat ihr Gebet erhört. Sie bekommt ein Kind. Und sie glaubt, daß Gott da mit im Spiel ist.
Die andere ist jung. Zu jung, um schon ein Kind zu bekommen. Auch sie bekommt es mit Gott zu tun. Ob sie die Mutter des Messias werden will? Auch sie läßt sich auf den Willen Gottes ein.
Und nun schildert Lukas, wie sich Menschen verhalten, wenn sie es mit Gott zu tun bekommen haben.
Wer es mit Gott zu tun bekommt, der kann nicht sitzenbleiben. Den hält nichts mehr. Der muß los.
Mit keinem Wort erwähnt Lukas den Grund, warum Maria sich aufmacht und zu ihrer Cousine Elisabeth geht. Denkbar wären ganz verschiedene Gründe: Vielleicht hat Maria den Spott und das Gerede in ihrem Heimatort nicht länger ausgehalten? Vielleicht will sie, daß erst ein wenig Gras über die Sache wächst? Ein unverheiratetes Mädchen, das schwanger wird – das war sicher ein Riesenskandal und Dorfgespräch.
Vielleicht geht sie auch nur deshalb, weil sie ihre Freude über das Baby einfach jemandem mitteilen muß, der sie versteht? Und wer ist da besser geeignet als eine andere »werdende Mutter«? Noch dazu eine, die endlich ihr Wunschkind bekommt!
Oder sie geht wirklich nur aus bloßer Hilfsbereitschaft. Wenn Elisabeth schon im sechsten Monat ist und Maria

drei Monate bei ihr bleibt, dann heißt das doch: Sie steht ihr in der schwierigsten Zeit der Schwangerschaft bei und in der ersten Zeit nach der Geburt.

Jedenfalls – sie geht. Sie geht von Nazareth in Galiläa in die Berge von Judäa – eine Strecke, für die man zu Fuß gut und gern drei Tage braucht. Wer es mit Gott zu tun bekommt, der macht sich auf. Der muß es weitersagen.

Sie hätte ja auch anders reagieren können. Sie hätte auch sagen können: Ich kriege jetzt selbst bald ein Kind. Ich bin immerhin die Mutter des Messias. Ich habe Anspruch auf Schonung und Rücksicht.

Aber genau das geschieht nicht. Beide Frauen bleiben ganz normal. Sie bilden sich auf ihre Berufung nichts ein. Weder Elisabeth, die Mutter von Johannes dem Täufer, noch Maria, die Mutter Gottes. Beide haben es mit Gott zu tun bekommen. Aber das macht Elisabeth nicht neidisch auf Maria, weil sie die Größere ist. Das macht beide weder stolz noch überheblich.

Wer es mit Gott zu tun bekommt, der wird erst richtig demütig. Wer es mit Gott zu tun bekommt, der merkt auf einmal, daß alles Gnade ist: geschenkt und unverdient. Und daß man sich nichts darauf einzubilden braucht.

Maria ist dort geblieben, bis der kleine Johannes auf der Welt war. Sie hat dort angepackt, wo es nötig war. Sie hat getan, was für Elisabeth eine Entlastung war. Und ich glaube, auch damit zeigt Lukas: Wer es mit Gott zu tun bekommt, der merkt auf einmal: Ich bin nicht das Wichtigste. Es geht nicht um mich, um meine Interessen und meine Bedürfnisse, es geht nicht in erster Linie um mein Wohlbefinden und meine Bequemlichkeit. Es geht einzig und allein darum, daß Gottes Wille zum Zug kommt. Gott allein ist wichtig. Sein Wille, seine Ehre, seine Größe.

Wer es mit Gott zu tun bekommt, ist letztendlich gesegnet. Aber auch dieser Segen ist nicht etwas, worauf ich mich ausruhen könnte. Segen ist nicht etwas, was mich größer macht. Wen Gott segnet, den verpflichtet er. Wen Gott seg-

net, den beansprucht er – oft bis an die Grenzen der Kraft. Wer von Gott gesegnet ist, ist auch ganz und gar in Dienst genommen. So ist das immer, wenn in der Bibel vom Segen die Rede ist. Es bedeutet: Gott ist mit dir bei der Aufgabe, die er dir zugedacht hat.
Wer es mit Gott zu tun bekommt, gerät in Bewegung. Wer es mit Gott zu tun bekommt, der wird demütig. Der kann gar nicht anders, als Gott zu den Menschen zu bringen und zuzupacken, wo es nötig ist. Wer es mit Gott zu tun bekommt, der ist gesegnet und verpflichtet.
Das sagt Lukas mit dieser Geschichte. Glauben wir ihm? Er jedenfalls schließt mit dem Ruf: »Selig ist die, die geglaubt hat, daß sich erfüllt, was der Herr ihr sagen ließ!«

1. Fastensonntag

Dtn 26, 4–10

Als im Sommer 1990 die deutsche Nationalmannschaft Fußballweltmeister geworden ist, da haben nicht nur die Reporter gejubelt, sondern auch viele Fans: *Wir* sind Weltmeister!
Und wenn es in diesem Sommer wieder olympisches Gold für deutsche Sportler geben wird, dann werden viele Leute aufzählen, wie viele Medaillen *wir* nun wieder gewonnen haben.
Genaugenommen stimmt das ja nicht, daß *wir* Weltmeister sind und *wir* Medaillen gewonnen haben. Sie und ich, wir haben weder Tore geschossen noch Medaillen gewonnen. Aber man sagt es halt so. Und keiner hat etwas dagegen, wenn wir uns mit unseren Sportlern identifizieren und sagen, *wir* haben gewonnen.
Eine ganz ähnliche Art, *wir* zu sagen, begegnet uns mit diesem Israeliten, der zum Erntedankfest nach Jerusalem geht und das sagt, was jeder Israelit beim Erntedank im Tempel sagen muß. Er erzählt bei dieser Gelegenheit die ganze Geschichte Israels. Und er erzählt sie so, als ob er selbst alles miterlebt hätte. Er sagt immerzu *wir:*

- *Wir* mußten nach Ägypten ziehen.
- *Wir* sind dort schlecht behandelt worden.
- *Wir* sind dort immer mehr unterdrückt worden.
- *Wir* haben so lange zu Gott geschrien, bis er *uns* erhört hat.
- *Wir* sind von ihm befreit und in dieses Land geführt worden.

Und weil er dankbar ist, daß er hier und jetzt in diesem Land leben darf, wo Milch und Honig fließen, deshalb sagt er dann: »Und jetzt bringe *ich* dir diese Früchte als Dankesopfer dar. Sie sind für dich, Gott, dem ich, dem wir das alles zu verdanken haben.«

Ich finde es faszinierend, was dieser Israelit tut – und was allen Israeliten zur Pflicht gemacht wird. Er erzählt die Geschichte seines Volkes als seine eigene Geschichte, obwohl das alles für ihn selbst ja schon Hunderte von Jahren her ist. Aber indem er das tut, wird ihm bewußt, wie sehr sein eigenes Leben mit dem Leben seines Volkes und seiner Vorfahren zusammenhängt, wie sehr er Grund zum Dank hat für Dinge, die längst geschehen sind.

Indem er so erzählt, legt er ein Glaubensbekenntnis ab. Er bringt zum Ausdruck: »Der Gott, der das alles für mein Volk getan hat, der hat das auch für mich getan. Und darum ist es mein Gott. Zu ihm gehöre ich genauso wie zu meinem Volk.«

Sein Glaubensbekenntnis erzählt Geschichte. Die Geschichte seines Volkes, die mit seinem eigenen Leben in ganz engem Zusammenhang steht. Wenn Gott das alles nicht getan hätte, dann stünde er heute nicht hier mit seinem Früchtekorb.

Und ich denke mir: Sie und ich, wir sind heute und jetzt auch nur deshalb hier – in der Kirche, an einem bestimmten Punkt unseres Lebens –, weil Gott schon allerhand getan hat: an uns, an unseren Eltern, Großeltern, an dieser Gemeinde, mit unserem Land und mit Europa.

Nur sind wir es weniger gewohnt, unsere eigene, persönliche Lebensgeschichte als einen Teil der großen Geschichte zu sehen. Wir erzählen allenfalls, was aus unserem eigenen Leben bedeutsam ist: von unserem Religionsunterricht, von unserer Erstkommunion, von bereichernden oder enttäuschenden Erfahrungen mit der Religion, mit deren Vertretern oder mit anderen Gläubigen.

Das alles ist wichtig – aber es könnte auch dazu führen, daß wir uns selbst zu wichtig nehmen.

Unsere Glaubensgeschichte, unser Glaubensbekenntnis einmal so zu erzählen wie dieser Israelit, würde unseren

Blick weiten. Manches würde wichtiger und manches unwichtiger.
Ich möchte es zum Schluß einmal versuchen, unsere Glaubensgeschichte als die Geschichte unseres Volkes zu erzählen: als Geschichte des Gottesvolkes in Deutschland, zu dem wir gehören:

> Meine Vorfahren waren Heiden. Jahrhundertelang wußten sie nichts von Gott, nichts von Jesus, seinem Sohn, nichts von dem, was er für uns Menschen getan hat. Erst durch die Predigt ausländischer Missionare wie Kilian und Bonifatius hörten sie von Gott und ließen sich taufen. Dann blühte die Kirche in unserem Land auf und wurde größer, aber auch mächtiger. Viel Segen hat sie gebracht, aber auch viel Schrecken und Grausamkeit. Wir haben herrliche Kirchen und Klöster gebaut, wir haben Wissen und Bildung vermittelt, das Land kultiviert und fruchtbar gemacht. Wir haben aber auch Kreuzzüge geführt und angebliche Hexen verbrannt. Wir haben große Heilige hervorgebracht, und wir haben Ketzer durch die Inquisition zu Tode gefoltert. Wir haben uns zerstritten und sind in verschiedene Konfessionen gespalten, die bis heute getrennt sind.
> Wir haben uns Christen genannt und waren es, schlecht und recht. Und auch ich bin so erzogen worden, habe Schritt für Schritt den Glauben übernommen von meinen Eltern, in Kindergarten und Schule. Ich nenne mich Christ und bin es, schlecht und recht.
> Und jetzt bin ich hier, Gott, und bringe dir die Früchte meines Lebens, die guten Früchte genauso wie die faulen. Denn wie im Leben meines Volkes sind in meinem eigenen Leben Gutes und Böses vermischt. Und ich bitte dich heute, mein Gott: Nimm alles an und mache es gut!

Vielleicht ist es ein bißchen ungewohnt, die eigene Glaubensgeschichte auf diese Art zu erzählen. Aber sie könnte uns wach dafür machen, uns selbst auf dem gleichen Boden

zu sehen wie unsere Vorfahren und uns mit ihnen und ihrem Leben zu identifizieren.
Vielleicht hilft es uns sogar, in den kommenden Wochen der Fasten- und Osterzeit all das innerlich mitzuerleben, was wir da von unseren Vorfahren hören werden. Dann können wir in der Osternacht auch wirklich mitjubeln und sagen: *Uns* hat Gott aus Ägypten befreit. *Uns* hat er ein neues Herz eingepflanzt. *Uns* hat er in der Auferstehung seines Sohnes vom Tod erlöst.
Und genauso, wie wir bei der Fußballweltmeisterschaft oder bei der Olympiade mitjubeln, können wir es dann an Ostern tun und aus vollem Herzen singen: *Wir* haben gewonnen!

2. Fastensonntag

Lk 9,28b–36

Wir wissen von keinen Aposteln so viel wie von Petrus, Jakobus und Johannes. Diese drei scheinen die schwierigsten und kompliziertesten Typen der Zwölf gewesen zu sein. Petrus mit der großen Klappe, der Wortführer. Johannes und Jakobus, die sich streiten, wer der Größte sein wird ...
Auf sie hat Jesus anscheinend ein besonderes Auge geworfen. Manchmal nimmt er nämlich nur diese drei mit: beispielsweise, als er die Tochter des Synagogenvorstehers vom Tode auferweckt. Am Ölberg sind diese drei ganz in seiner Nähe. Und hier auf den Berg nimmt er auch sonst keinen mit außer Petrus, Jakobus und Johannes. Vielleicht will er diese drei ganz besonders *schulen.*
Wir wissen ja, daß sie später die tragenden Säulen der Gemeinde waren. Also können wir einmal fragen: Warum nimmt er sie hier mit auf den Berg? Welche Lektion sollen sie heute lernen?
Anscheinend hat er es ihnen vorher nicht gesagt. Sonst wären sie bestimmt nicht eingeschlafen. Das muß man sich mal vorstellen! Jesus nimmt sie extra mit, er betet – und sie schlafen (wie später am Ölberg auch). Und als sie dann aufwachen, da erleben sie Dinge, die sie sich zuerst gar nicht erklären können:

- Während Jesus betet, verändert sich sein ganzes Aussehen.
- Er redet mit Mose und Elija.
- Eine Wolke kommt und macht ihnen Angst.
- Sie hören Gott sagen, daß Jesus sein Sohn ist, auf den sie hören sollen.

Mit all dem können sie vermutlich zunächst gar nichts anfangen. Sie sind verwirrt und durcheinander. Was soll das

alles? Kein Wunder, daß sie erst einmal den Mund halten und keinem etwas davon erzählen. Es ging ihnen offenbar so wie uns manchmal auch: Man erlebt etwas und kommt damit nicht klar. Man braucht erst mal Zeit, um das alles zu verdauen, zu ordnen, darüber nachzudenken. Erst später, wenn ich mir klargeworden bin, dann kann ich darüber reden. Ein *Erlebnis,* das ich plötzlich deuten und erklären kann, ist zu meiner *Erfahrung* geworden.
Deswegen steht diese merkwürdige Begebenheit nun auch im Evangelium. Es ist eine weitere, ganz besondere Erfahrung, die die drei Jünger mit Jesus machen durften.
Was das sein könnte, das möchte ich jetzt ein wenig deuten.

1. Daß Jesus öfter auf Berge stieg, um zu beten, das war nichts Neues für sie. Deswegen schlafen sie auch gleich ein. Aber dann wachen sie auf und sehen einen ganz anderen Jesus: Sein Gesicht, sein Aussehen ist total verändert. Er ist anscheinend für die drei völlig geistesabwesend, weil er sich ganz auf Gott ausgerichtet hat. Vielleicht kann man das nur vergleichen mit Verliebten, die sich ganz tief in die Augen schauen, mit einer Mutter, die beim Stillen ihr Kind anschaut, mit Jugendlichen, die – den Walkman auf dem Kopf – ganz in ihre Musik versunken sind.
Die Jünger erfahren: Etwas ganz tun, das verändert: ganz da sein, ganz lieben, ganz hören, ganz beten – das macht jemand anderen aus mir.
Und sie haben vielleicht später verstanden, warum Jesus auf den Berg steigt, um zu beten. Unten geht das nicht. Solches Gebet braucht Vorbereitung. Um so beten zu können, muß ich alles andere hinter mir lassen: Da muß ich weg vom Telefon, weg von der Waschmaschine und vom Bügelbrett, weg vom Auto, weg vom Werkzeugkasten. Wer schon einmal Einkehrtage oder Exerzitien mitgemacht hat, der weiß, wie schwer es oft fällt, einmal alles liegen- und stehenzulassen. Der weiß aber auch, wie gut und notwendig es ist, einmal nur Zeit für sich und für Gott zu haben.

Vielleicht haben die Jünger da gelernt: Wir brauchen die täglichen Gebete: morgens, abends, beim Essen...
Wir brauchen aber auch gelegentlich solches nichtalltägliche Beten.

2. Sie erleben, daß Jesus mit Mose und Elija spricht. Mose und Elija sind für die Juden die beiden größten Propheten. Und sie reden mit Jesus über sein Ende in Jerusalem.
Erst nach Ostern haben die Jünger verstanden, was das zu bedeuten hatte: Jesus ist größer als diese beiden. Denn in Jesus hat sich alles erfüllt, was die Propheten angekündigt hatten. Genau das bestätigt auch die Stimme, die sie plötzlich hören: Jesus ist mehr als ein Prophet. Er ist Gottes Sohn. Wer auf ihn hört, der hört auf Gott.

3. Und sie erfahren noch etwas ganz Wichtiges. Sie fallen von einem Extrem ins andere. Sie spüren, daß die Nähe Gottes einen Menschen ganz durchdringen kann, ihn verändert, ihn ganz klar und hell macht – wie sie es an Jesus sehen.
Und dann merken sie, daß die Nähe Gottes auch bedrohlich sein kann, undurchsichtig ist wie die Wolke, daß die Nähe Gottes einen auch ganz klein werden läßt.
Ich glaube, diese Erfahrung teilen wir allemal mit den dreien. Es gibt auch für uns solche Zeiten der Verklärung, da wir Gott ganz nah in uns verspürt haben, da wir durchdrungen waren von seiner Nähe.
Und es gibt auch die anderen Zeiten, da wir nur Wolke und Nebel und Dunkel sehen.
Die Jünger haben erfahren: Gott ist immer da. Gott ist im Licht genauso wie im Dunkel. Er ist im Leben genauso da wie im Tod. Und er zeigt uns, wie wir immer wieder die Richtung finden können:

»Dieser ist mein geliebter Sohn. Auf ihn sollt ihr hören!«

Ein Beispiel aus der Jüngerschulung von Petrus, Jakobus und Johannes. Und wir brauchen nicht traurig zu werden,

wenn uns diese Erfahrungen noch fehlen. Die Jünger haben auch zuerst Kreuzigung und Auferstehung miterleben müssen, bevor sie das ganz verstanden haben.
Vielleicht brauchen wir auch noch Zeit, bis wir erfahren, daß Gebet und eine tiefe Beziehung zu Gott uns ganz und gar verändern können.
Vielleicht dauert es noch eine ganze Weile, bis wir wirklich verstehen, was es heißt: Jesus ist Gottes Sohn, und wer ihn hört, der hört Gott. Und womöglich muß Jesus uns noch oft mitnehmen, bis wir glauben können: Gott ist immer da – ob es in uns hell ist oder dunkel.
Das macht nichts. Wir haben Zeit. Aber hoffentlich wachen wir wie die Jünger rechtzeitig auf, wenn es soweit ist.

3. Fastensonntag

Ex 3, 1–8a. 13–15

Kürzlich erzählten mir Bekannte etwas sehr Merkwürdiges: Die Eltern der jungen Frau haben dem Schwiegersohn nach der Hochzeit zwar das »Du« angeboten – aber sie lassen sich bis heute nicht beim Vornamen nennen. Das führt natürlich zu Unsicherheit. Wenn ich zwar »Du« sagen darf, aber nicht den Namen – wie soll ich den anderen dann anreden?
Genauso geht es Moses auch, und darum fragt er gleich nach: Wenn ich also zu den Israeliten gehe und sage, daß ich von dir komme, dann werden sie mich fragen: Wie heißt denn dieser Gott? Wie sollen wir ihn denn anreden? Wie dürfen wir ihn nennen?
Und Gott nimmt das ernst. Er bietet seinem Volk nicht nur das »Du« an, sondern er läßt sich auch bei seinem Namen nennen. Er sagt: »Ich bin der *Ich-bin-da*«.
Zu Recht gilt das als Offenbarung Gottes. Denn Gott sagt nicht nur seinen Namen. Er sagt zugleich, wer und wie er ist. Sein Name ist sein Wesen. Dieser Name ist nicht nur ein Wort, er ist Wirklichkeit. Gott heißt, wie er ist. Gott ist, wie er heißt: *Ich-bin-da.*

Ich bin da – das sagt Gott so, wie Vater oder Mutter es sagen, wenn ein Kind nachts aufschreckt und zu weinen anfängt: Ganz ruhig. Ist ja gut. Ich bin ja da.

Ich bin da – das sagt Gott, weil es ihm mit seinem Volk genauso geht. »Ich hab gehört, wie ihr geschrien habt. Ich hab gesehen, wie dreckig es euch geht. Ich weiß, wie euch zumute ist. Aber ich bin ja da.

Ich bin da – Gott darf sich nur deshalb so nennen, weil auch sein Verhalten zu diesem Namen paßt.

Wenn Gott nur sagen würde: Ich bin da – aber dann tatenlos zuschaut, wie sein Volk weiter unterdrückt wird – dann hätten die Israeliten zu Recht sagen können: Auf so einen Gott können wir verzichten, den brauchen wir nicht.
Und wenn Vater und Mutter ihrem Kind nur sagen: Ich bin ja da, und gleich wieder aus dem Zimmer gehen, ohne es in den Arm zu nehmen, zu streicheln oder zu trösten, würde das Kind nicht glauben, daß seine Eltern wirklich für es da sind. Es würde sich verlassen vorkommen.

Aber nun höre ich im stillen schon die Einwände, die sich bei uns heutigen Menschen einschleichen: »Gut – damals hat Gott Israel geholfen. Aber bei uns heute, bei mir selber, da war er so und so oft nicht da. Da hat er sich gar nicht um mich gekümmert.
Wo war er denn z. B., als ich so krank war, daß es fast aufs Ende zugegangen ist? Wo war er denn, als unser Jüngster diesen schrecklichen Unfall hatte? Wo war er denn, als mein Mann, meine Frau so plötzlich gestorben ist? Wo war er denn ...?«
Ich persönlich glaube: Er war da, ganz nah. Gott hat nicht weggeschaut, er hat sich nicht taub gestellt, sondern er kennt auch unsere Leiden. Ich glaube es deshalb, weil Gott uns Menschen sicherlich in mancher Hinsicht ähnlicher ist, als wir annehmen. Ich denke mir manchmal: Vielleicht will uns Gott auf manche Weise ebenso erziehen wie Eltern ihre Kinder. Eltern rennen auch nicht immer gleich, wenn ihr Kind irgend etwas hat. Das Kind soll lernen, allein zurechtzukommen, einen Fehler auszubügeln, einen Schmerz zu überwinden, Trauer und Verzicht durchzustehen.
Deswegen sind die Eltern trotzdem für ihr Kind da – und wahrscheinlich intensiver und sinnvoller, als wenn sie so-

fort auf das Kind zustürzen und sagen würden: »Was hast du denn schon wieder?«
Sicher – es wird Momente geben, da sie sofort »da sein« müssen. Es gibt aber auch die Momente, da sie besser erst mal abwarten und beobachten. Eingreifen können sie immer noch.
So, glaube ich, daß Gott auch für uns immer und überall da ist. Auf die Art, wie es für uns gut ist. Auch wenn wir das nicht gleich durchschauen. Konsequent – auch wenn wir manchmal wie verwöhnte Kinder sind und es am liebsten hätten, der liebe Gott käme bei allem und jedem gleich gesprungen.
Wenn ich die Bibel aufschlage, dann muß ich feststellen, daß Gott auch Israel nicht immer gleich geholfen hat. Er hat seinem Volk auch Niederlagen, Krankheiten, Hungersnot und sogar Verbannung zugemutet – wenn ihm das als wirksames Mittel erschienen ist, daß sein Volk sich ihm wieder zuwendet.
Darum denke ich: Wir wissen nicht, aus welchen Gründen Gott uns manchmal ganz nah und dann wieder ganz weit weg erscheint. Warum er den einen in derselben Lage hilft und den anderen nicht.
Aber es hängt alles daran, ob wir grundsätzlich glauben können, was Gott damals dem Mose anvertraut hat: *Ich bin da.* Wenn wir das glauben, dann können wir auch auf seine Nähe vertrauen, wenn wir nichts davon spüren. Wenn wir das glauben, dann können wir hoffen, daß manches, was uns selber sinnlos zu sein scheint, bei Gott einen Sinn hat.

4. Fastensonntag

Lk 15, 1–3. 11–32

Für viele seiner Zeitgenossen bewegte sich Jesus auf der falschen Seite, in die falsche Richtung. Wir haben es ja gehört: Die Pharisäer und Schriftgelehrten empören sich darüber, daß er mit Sündern ißt. So etwas tut man nicht. Für ihr Empfinden war es ganz und gar unmöglich, sich mit unreinen und sündigen Menschen einzulassen. Noch unvorstellbarer war es, mit ihnen zu essen. Dadurch wurde man ja selber unrein.

Das ist wie eine Einbahnstraße gewesen. Der Gerechte und Fromme durfte keinen Schritt in Richtung Sünder tun. Es gab nur den anderen Weg: Der Sünder muß auf die Gerechten zugehen. Er muß ein Nicht-Sünder werden. Und dazu mußte er harte Bußforderungen erfüllen.

Die Pharisäer regen sich also darüber auf, daß Jesus sich nicht an die Verkehrsregeln der Gesellschaft hält.

Wegen dieser Vorwürfe erzählt Jesus das Gleichnis vom barmherzigen Vater. Er will klarmachen, daß er nur dadurch, daß er gegen den Strom schwimmt, die Sünder zur Umkehr bewegen kann.

Und so erzählt er von den zwei Söhnen desselben Vaters, von denen der eine beim Vater bleibt und alles tut, was der Vater will. Damit meint er die Pharisäer und Schriftgelehrten und alle, die sich um die genaue Befolgung der Gebote bemühen. Er erzählt aber auch von dem anderen Sohn, der sich vom Vater entfernt hat und zum Sünder wird. Von dem Sohn, der alles, was er vom Vater mitbekommen hat, hemmungslos verschleudert. Von dem Sohn, der sich als Jude einem Heiden als Sklave aufdrängt (gemeint sind die Zöllner, die, obwohl sie Juden sind, für die Römer arbeiten). Der Sohn wird zu den Schweinen geschickt – für die Juden waren das unreine und verfluchte Tiere. Und er muß

seinen Platz sogar noch hinter den Schweinen einnehmen, weil er nicht einmal ihr Futter bekommt.
Mit diesem Bild beschreibt Jesus die Lage, in der sich die Sünder befinden. Bis hierher ist die Geschichte noch nichts Besonderes. Aber nun erzählt Jesus davon, daß der Sohn nachdenkt und einsieht, daß es bei seinem Vater allemal besser ist als hier. Er will zurück, seine Schuld bekennen und wenigstens als Tagelöhner arbeiten – ohne irgendwelche Rechte, die ein Sohn hätte. Damit zeigt Jesus, daß er an den guten Kern in jedem Menschen glaubt, der in Sünde geraten ist. Er glaubt daran, daß es dem Sünder letztlich keinen Spaß macht, Sünder zu sein – auch wenn man ihm das meistens unterstellt. Er mag durch eigene Schuld oder durch Not in die Sünde geraten sein. Aber wer so tief gesunken ist, der möchte auch wieder heraus. Nur läßt man ihn meistens nicht mehr heraus. Denn die, die sich für gerecht halten, setzen nun die Bedingungen: »Wenn du zu uns gehören willst, dann mußt du... dann darfst du nie mehr...«
Und nun erzählt Jesus vom Vater. Daß ein Vater sich erbarmungsvoll zeigen kann, das war den Zuhörern vertraut. Aber wie dieser Vater sich verhält, das wirft doch alles über den Haufen: Der Vater sieht den Sohn von weitem kommen. Und er, der betagte Orientale, das Oberhaupt der ganzen Familie, läuft ihm entgegen, fällt ihm um den Hals. So verhindert der Vater, daß der Sohn sich vor ihm auf die Knie wirft und sich demütigt. Er küßt ihn – dabei gilt der Kuß auf die Wange nur einem Gleichgestellten. Er läßt das beste Gewand holen. Das ist eine Auszeichnung, die sonst nur ein Ehrengast bekommt. Er steckt ihm den Siegelring an, um zu zeigen: Du bist mein Sohn wie vorher auch. Und er zieht ihm Schuhe an. Das war das Vorrecht eines freien Mannes im Gegensatz zu den Sklaven. Die mußten barfuß gehen. Und dann wird das Kalb geschlachtet und ein Fest gefeiert. Da muß doch der blanke Neid aufkommen bei dem Sohn, der die ganze Zeit daheimgeblieben ist Und Je-

sus läßt offen, ob er seinen Neid überwinden kann und sich mitfreut – oder nicht.
Ich denke, den meisten von Ihnen wird es jedesmal so gehen wie mir auch: Wenn wir das Gleichnis hören, sind wir hin- und hergerissen. Wir können die Freude des jüngeren Sohnes genauso nachempfinden wie den Neid des Älteren. Wahrscheinlich liegt das daran, daß wir uns in beiden Söhnen wiederentdecken. Die Frage ist nur: Was überwiegt in uns? Fühlen wir uns mehr wie der ältere Sohn? – Wir sind ja doch besser als die anderen, die nichts von Gott wissen wollen, die nicht in die Kirche gehen, die keinen Finger für die Gemeinde krumm machen... Oder fühlen wir uns mehr wie der jüngere Sohn? Ja, wir sind Sünder, wir machen vieles falsch...
So weit können wir vielleicht noch mitgehen. Aber dann kommt das große *Aber:* Wir sind zwar Sünder, klar. *Aber* wir gehen ja auch zum Beichten und in den Bußgottesdienst und wir tun dies und das... Wir bringen doch auch Leistung! – Und nun sagt Jesus, daß Gott auch ohne Leistung vergibt? Daß er seine Vergebung einfach verschenkt?
Ich glaube, wir sehen uns viel zu oft in der Rolle des älteren Sohnes. Vielleicht deshalb, weil wir noch gar nicht so tief unten waren. Weil wir immer noch so viel Positives an uns entdecken, daß wir damit vor Gott großtun können.
Aber die Frage ist für mich dann: Ist für uns der Glaube an Gott, das Erfüllen von Gottes Willen denn *nur* Last, *nur* Pflicht, *nur* blinder Gehorsam, weil sich das halt so gehört? Tun wir es nur, weil wir Angst haben vor Strafe und davor, einmal nicht belohnt zu werden?
Wenn wir nur Gläubige sind aus Angst und aus Pflicht – und nicht aus Liebe zu Gott –, dann werden wir natürlich neidisch.
Aber wir können auch einmal die andere Seite sehen: Der Vater sagt ja zu diesem Sohn: »Du bist doch immer bei mir. Und alles, was mir gehört, gehört auch dir.« Das heißt doch, einer, der beim Vater ist, der hat nicht unbedingt Sonderbe-

handlung zu erwarten (die Ziege!). Aber ihm gehört alles, was auch dem Vater gehört.
Bringt uns unser Glaube wirklich nichts? Oder werden wir nicht auch von Gott beschenkt und am Leben erhalten? Bewahrt uns unser Glaube nicht sogar davor, wegzulaufen und bei den Schweinen zu landen?
Wenn Jesus uns heutigen Menschen dieses Gleichnis erzählt, dann deswegen, um uns zu sagen: »Wenn ihr noch so tief im Dreck steckt – geht zu eurem Vater zurück. Er freut sich, wenn ihr kommt.
Und wenn ihr keinen Dreck am Stecken habt und eine weiße Weste, dann macht's wie ich: Schwimmt gegen den Strom und holt die aus dem Dreck, die allein nicht herausfinden.
Zerschneidet nicht das Tischtuch, sondern denkt daran, daß ihr alle Kinder des einen Gottes seid.
Und freut euch mit über jeden, der es schafft, den Weg zum Vater zu finden!«

(Zu dieser Predigt vgl. die theologisch-exegetische Auslegung in der »Religionspädagogischen Praxis« 1985/2, S. 11–13 von Martin Schneider.)

5. Fastensonntag

Joh 8, 1–11

Wenn jemand ein Verbrechen begeht, sei es schwer oder leicht, dann sagt man manchmal: Der ist mit dem Gesetz in Konflikt geraten. Das Gesetz bestimmt auch das Ausmaß der Strafe. Und wenn er dann in der Gerichtsverhandlung verurteilt wird, die Strafe aber nicht zahlen oder absitzen muß, dann ist sie zur Bewährung ausgesetzt. Man erläßt ihm die Strafe unter der Bedingung, daß er sich in einem festgesetzten Zeitraum nichts zuschulden kommen läßt. So ist hierzulande das Leben mit Gesetzen geregelt.
Auch zur Zeit Jesu hatten die Juden ihre Gesetze, die das gesellschaftliche und religiöse Leben regelten. Es war das Gesetz des Mose. Es sollte das Leben in Israel regeln, damit die Israeliten auch wirklich so lebten, wie es der Erwählung durch Gott entsprach. Am Leben des Volkes Israel sollten die anderen Völker erkennen, daß hier ein Volk ist, das allein Gott gehört. Das Verhalten Israels sollte eine Antwort auf die Erlösung und Erwählung Gottes sein, eine Antwort auf seine Huld und Treue, auf seine Güte und Liebe.
Im Lauf der Zeit hat sich aber die Sichtweise verändert, und man hat die Ursache und die Folge vertauscht. Die Befolgung des Gesetzes war nicht mehr die Antwort auf die Liebe Gottes, sondern sie wurde zur Vorbedingung. Man dachte, der Mensch muß erst einmal diese Leistung erbringen, damit er von Gott geliebt war. Und diese Sicht des Gesetzes gab den Gesetzeslehrern Macht, über die Fehler der anderen zu wachen.
Dagegen wandte sich Jesus. Im Evangelium heißt es, daß Jesus wieder einmal im Tempel saß und lehrte. Und er lehrte – anders als die Pharisäer – eine befreiende Botschaft:

– Das Reich Gottes ist nahe – deshalb könnt ihr euer Leben ändern!

- Gott liebt euch und vergibt eure Sünden – kehrt deshalb um!
- Gott will, daß euer Leben gut wird – darum wendet euch von allem Bösen ab, von allem, was lebenshinderlich ist.

Jesus verkündet Gott, der gütig ist und Erbarmen zeigt, der rettet und befreit, der heilt und vergibt.

Und während er noch dasitzt und lehrt, bringt man eine Frau zu ihm, die Ehebruch begangen hat. Nach jüdischem Recht ein klarer Fall. Jesus aber steckt ganz schön im Dilemma. Denn es geht nicht nur um das Leben der Frau. Er selber soll auch in die Sache hineingezogen werden. Bleibt seine Predigt vom gnädigen Gott nur eine schöne Theorie – oder gilt sie gerade auch hier und jetzt?

Wenn er sich für die Frau ausspricht, handelt er gegen Mose und das Gesetz. Wenn er sich gegen die Frau ausspricht, wird er seiner eigenen Botschaft vom gütigen Gott untreu.

Für die Pharisäer und Schriftgelehrten ist daher die Sache schon so gut wie gelaufen. Wie sie später beim Prozeß gegen Jesus schreien, so argumentieren sie auch hier: »Wir haben ein Gesetz, und nach diesem Gesetz muß sie sterben. Sünde muß bestraft werden, schwere Sünde muß hart bestraft werden und eine Todsünde muß mit dem Tod bestraft werden. So steht es im Gesetz. Basta!«

Jesus aber hat andere Stellen der Heiligen Schrift im Hinterkopf, etwa eine Stelle aus Ezechiel, wo es heißt: »Spruch Gottes, des Herrn: Ich habe kein Gefallen am Tod des Schuldigen, sondern daran, daß er auf seinem Weg umkehrt und am Leben bleibt.« Für Jesus ist klar, daß es keine Sünde gibt, die Gott nicht vergeben kann. Und er kann sich dafür auch auf die Bibel berufen. Aber wie soll er das in dieser Situation begreiflich machen?

Die einen reden dauernd von Sünde – er von Vergebung.
Sie reden vom Gesetz – er von Erbarmen und Begnadigung.
Sie reden von Strafe – er von Umkehr.

Deswegen läßt sich Jesus erst gar nicht auf eine Diskussion mit den Pharisäern ein, welche Sünde wie bestraft werden muß. Er sagt gewissermaßen: »Also gut. Ihr versteht meine Botschaft vom guten Vater nicht. Ihr stellt die Sünde in den Vordergrund, nicht die Vergebung. Wenn ihr also schon die Sünde der Frau anklagt, dann denkt auch an eure eigenen Sünden. Von euch ist nämlich auch niemand ohne. Und wer glaubt, er ist ohne Sünde, der kann ja als erster einen Stein werfen.«

Darauf wissen sie nichts mehr zu sagen. Die am lautesten geschrien haben, gehen als erste.

Jesus bleibt mit der Frau allein und vergibt ihr. Er gibt ihr gewissermaßen Bewährung. Er hofft, daß die Vergebung einer so großen Schuld bewirkt, daß man es nicht wieder tut. Er vertraut darauf, daß die Frau in der Vergebung ihrer Schuld erfährt: Gott liebt sie so sehr, daß sie nun die Liebe nicht mehr bei anderen Männern suchen muß. Deshalb kann Jesus zu ihr sagen: »Geh und tu's nicht wieder!«

Sagen wir jetzt: Das ist ja viel zu schön, um wahr zu sein? Ärgert es uns, weil unser Gerechtigkeitssinn verletzt ist? Denken wir: Es gibt ja wohl noch einen Unterschied zwischen Ehebruch und dem Nichtbeachten einer Fastenvorschrift? Oder verunsichert uns dieses Evangelium, weil wir ähnlich denken wie die Pharisäer? Meinen wir auch, wir müßten uns die Zuwendung Gottes samt und sonders durch fromme Übungen und religiöse Leistung erwerben?

Das heutige Evangelium will uns zeigen, daß es umgekehrt ist. Zuallererst geht Gott auf uns Menschen zu. Er hat uns schon längst angenommen. Er liebt uns längst. Wir brauchen uns seine Zuwendung nicht zu verdienen – denn das können wir gar nicht. Wir sollen sie nur erwidern. Wir sollen ihn lieben, weil er uns liebt. Und das sollen wir auch im Umgang mit anderen Menschen zeigen.

Jesus sagt: »Gott ist einer, der Gnade vor Recht ergehen läßt. Gott hat keinen Gefallen am Tod des Schuldigen, sondern daran, daß er umkehrt und am Leben bleibt.«

Zu schön, um wahr zu sein? Es ist wahr.

2. Sonntag der Osterzeit

Apg 5, 12–16

Bei alten Menschen, die schon viele Jahre miteinander verheiratet sind und lange Zeit zusammengelebt haben, kann man manchmal eine erstaunliche Beobachtung machen: Sie sind sich im Lauf der Jahre immer ähnlicher geworden. Die Wesenszüge des einen färben auf den anderen ab. Und manchmal geht diese Ähnlichkeit sogar bis in die Gesichtszüge hinein. Man meint, man hat nicht Mann und Frau vor sich, sondern Bruder und Schwester.

Der stetige, liebevolle und treue Umgang mit einem Menschen kann mich ihm ähnlich machen. Und genau das scheint auch die heutige Lesung sagen zu wollen: Der Umgang mit Jesus hat auf die Apostel abgefärbt. Sie werden Jesus in ihrem Reden und Handeln immer ähnlicher. Sie haben eine Ausstrahlung, der man sich schwer entziehen kann. Darum berichtet die Schrift vom Wirken der Apostel fast mit denselben Worten, mit denen sie sonst vom Wirken Jesu erzählt.

Zeichen und Wunder geschehen durch die Hände der Apostel. Ihre Anziehungskraft und ihre Ausstrahlung müssen so stark gewesen sein, daß sich Kranke schon Heilung erhofften, wenn nur der Schatten des Petrus auf einen von ihnen fiel. Ganz ähnlich wird auch von Jesus einmal berichtet, daß sich die Leute danach drängten, wenigstens den Saum seines Gewandes zu berühren, um gesund zu werden.

Der Umgang mit Jesus hat die Apostel offenbar so verändert, daß sie ihm immer ähnlicher werden. Daß sie genau wie Jesus, Heil und Erlösung ausstrahlten, Freude und Begeisterung, Hoffnung und Zuversicht. Sie selbst waren von Jesus so erfüllt, daß ihr Reden, ihre Hände, ihr ganzes Verhalten heilend wirkte. Genau das, was die Menschen im Umgang mit Jesus erfahren haben, das erfahren sie jetzt im

Umgang mit den Aposteln: Leben bekommt wieder einen Sinn. Mutlose schöpfen wieder neue Hoffnung. Kranke werden gesund, und der einzelne ist in der Gemeinschaft der Glaubenden aufgehoben.
Der Umgang mit Jesus hat die Apostel zu Menschen gemacht, deren Nähe und Umgang man sucht, weil durch sie die Nähe Jesu spürbar wird. Durch die Apostel erfahren die Leute die Güte und Nähe, die Menschenfreundlichkeit und Gnade Gottes.
Gnade heißt griechisch »charis«. Die Gnadengabe, die der Geist Gottes den Menschen schenkt, heißt »charisma«. Und von diesem Wort »charisma« kommt unser Wort »Charme«. Das heißt also, Gott teilt seine Gnade auf charmante Art mit, durch Menschen, die aufgrund ihrer Ausstrahlung anziehend auf andere wirken.
Diese Ausstrahlung, diesen Charme, diese Anziehungskraft legt Gott in uns hinein, wenn wir unser Herz öffnen und Jesus in unser Leben einlassen. Dann wird der Geist Jesu auch uns be-geistern, dann wird auch aus uns diese Gnade Gottes herausstrahlen.
Dann erfahren andere Menschen im Umgang mit uns die Nähe Christi.
Dann werden wir im Umgang mit Jesus ihm immer ähnlicher.
Dann werden wir, wenn wir auf Jesus schauen, immer mehr in sein Bild verwandelt.
Wollen wir solche Menschen werden? – Gesucht sind sie auf alle Fälle. Der Pfarrer Wilhelm Willms hat das einmal so formuliert:

wußten sie schon?

wußten sie schon
daß die nähe eines menschen
gesund machen

krank machen
tot und lebendig machen kann
wußten sie schon
daß die nähe eines menschen
gut machen
böse machen
traurig und froh machen kann
wußten sie schon
daß das wegbleiben eines menschen
sterben lassen kann
daß das kommen eines menschen
wieder leben läßt
wußten sie schon
daß die stimme eines menschen
einen anderen menschen
wieder aufhorchen läßt
der für alles taub war
wußten sie schon
daß das wort oder
das tun eines menschen
wieder sehend machen kann
einen
der für alles blind war
der nichts mehr sah
der keinen sinn mehr sah in dieser welt
und in seinem leben
wußten sie schon
daß das zeithaben für einen menschen
mehr ist als geld
mehr als medikamente
unter umständen mehr
als eine geniale operation
wußten sie schon
daß das anhören eines menschen
wunder wirkt
daß das wohlwollen zinsen trägt

daß ein vorschuß an vertrauen
hundertfach auf uns zurückkommt
wußten sie schon
daß tun mehr ist als reden*

Wußten Sie schon, daß uns der Umgang mit Jesus ihm immer ähnlicher machen kann, daß auch wir so zu Menschen werden, durch die andere zum Glauben kommen können? Wußten Sie das alles schon?

* (Aus: Wilhelm Willms, der geerdete himmel. wiederbelebungsversuche, Verlag Butzon & Bercker, Kevelaer [7]1986, S. 5; gekürzt.)

3. Sonntag der Osterzeit

Joh 21, 1–19

Zur Zeit findet man in einer Fernsehzeitschrift das Weltmeisterschafts-Staralbum. Dort wird ein Fußball-Nationalspieler vorgestellt, und neben der Schuhgröße und dem Körpergewicht ist auch ein Ausspruch oder eine Lebensweisheit abgedruckt, die für diesen Sportler wichtig ist. So stand bei Andreas Brehme: »Hinfallen ist keine Schande, nur Liegenbleiben ist verachtenswert.«

Als Fußballer wird er diese Erfahrung gemacht haben: Man muß sich hochrappeln, wenn man hingefallen ist, und trotz Schmerzen, trotz Müdigkeit und Erschöpfung weiterspielen. Ein Spieler, der nach einem Sturz liegenbleibt, ist verachtenswert.

Für den Fußballspieler mag der Ausspruch also gelten: »Hinfallen ist keine Schande, nur Liegenbleiben ist verachtenswert.« Aber gilt dieser Spruch auch außerhalb des Sportplatzes?

Wir alle wissen, wie leicht man im Leben ausrutschen und hinfallen kann. Wir wissen auch, daß es Stürze gibt, nach denen man am liebsten liegenbleiben würde und aus Wut oder Enttäuschung sagt: »Jetzt mag ich nicht mehr!« Wenn man hingefallen ist, rappelt man sich entweder allein wieder hoch oder man läßt sich auf die Beine helfen. Und dafür möchte ich den Apostel Petrus als Beispiel nehmen. Denn der Satz, den sich Andy Brehme zu eigen gemacht hat, könnte direkt von Petrus stammen.

Petrus ist das Musterbeispiel für den Jünger Jesu, der immer wieder hinfällt und trotzdem nicht liegenbleibt. Petrus, der erst großartig erklärt: »Herr, ich komme auf dem Wasser zu dir gelaufen« – und der dann untergeht und schreit: »Herr, rette mich!«

Petrus, der erst beeindruckend bekennt: »Du bist der Messias« – und der dann Jesus nicht nach Jerusalem gehen lassen will.
Petrus, der sich erst nicht die Füße waschen lassen will – und dann ganz und gar gebadet werden möchte.
Petrus, der erst mit Jesus in den Tod gehen will – und dann flieht, als es brenzlig wird und Jesus dreimal verleugnet.
Petrus, der zusammen mit dem anderen Jünger zum Grab Jesu rennt, hineinschaut und nichts begreift. Von dem anderen Jünger aber heißt es: Er sieht und glaubt.
Petrus, der auch vom Boot aus Jesus nicht erkennt und erst in den See springt, als der Lieblingsjünger ihm sagt, daß es der Herr ist.
Und dann fragt ihn Jesus dreimal, ob er ihn mehr liebt als die anderen Jünger. Er antwortet: »Herr, du weißt alles, du weißt auch, daß ich dich liebe.«
Jesus weiß alles. Er weiß um das Gute im Menschen. Er kennt unseren guten Willen, auch wenn wir oft genug wie Petrus hinfallen, wenn wir das Verkehrte tun und das Falsche sagen. Wenn wir reden, wo wir besser schweigen sollten, und wenn wir den Mund halten, wo wir eigentlich Rede und Antwort stehen müßten.
Petrus kennt die Erfahrung, daß man so hinfallen kann, daß man allein nicht mehr hochkommt, daß es Schuld gibt, die ich nicht loswerde, wenn sie mir nicht vergeben wird, daß ich mich nicht allein aus dem Sumpf ziehen kann, sondern eine Hand brauche, die mich herauszieht und mir wieder auf die Beine hilft.
Jesus schenkt dem Petrus eine neue Erfahrung: Er ist nicht fallengelassen. Sooft Petrus auch hinfällt – Jesus hebt ihn auf. Jesus ist ja selbst so tief gefallen, wie man nach menschlichen Maßstäben nur fallen kann: Man hielt ihn für einen Verbrecher. Aber Jesus ist nicht liegengeblieben. Er ist nicht unter dem Kreuz liegengeblieben und nicht im Grab liegengeblieben. Gott hat ihn nicht fallengelassen. So ist Jesus auferstanden und hilft uns auf-stehen und auf-erstehen.

Genau das läßt Jesus den Petrus – und uns – erfahren. Auch wenn du noch so oft hinfällst – von mir bist du nicht fallengelassen. Auch wenn dein Leben endet und du ganz am Ende bist – ich lasse dich nicht liegen. Ich helfe dir auf. Ich lasse dich auf-erstehen.

Der Fußballspieler, der hinfällt, muß nach Möglichkeit aus eigener Kraft wieder aufstehen – oder sich vom Platz tragen lassen.

Petrus weiß jetzt, daß er sich auf seine eigenen Kräfte nicht unbedingt verlassen kann. Worauf er sich aber verlassen kann, das ist, daß er von Jesus nicht fallengelassen ist. Daß Jesus ihm immer wieder die Hand entgegenstreckt und ihm aufhilft. Und daß Jesus ihm immer wieder die Gelegenheit gibt zu sagen: »Herr, du weißt alles. Du weißt auch, daß ich dich liebe.«

4. Sonntag der Osterzeit

Offb 7,9.14b–17; Joh 10,27–30

Für viele Berufe ist es wichtig, daß man sich in andere Menschen einfühlen kann: Es gibt Schauspielerinnen, die gehen erst einmal wochenlang ins Kloster, wenn sie eine Ordensfrau spielen sollen. Andere fahren selbst täglich im Rollstuhl, wenn sie einen Behinderten darstellen wollen. Es gibt Ärzte, die ein neues Medikament an sich selbst testen. Und mancher Berater für Drogen-, Alkohol- oder Medikamentenabhängige war selbst einmal abhängig und kann darum seine Patienten wohl am besten verstehen. Die besten Lehrer sind diejenigen, die sich noch am lebhaftesten an ihre eigene Kindheit erinnern und sich einfühlen können.
Ich schicke das voraus, weil diese Erfahrung wichtig ist als Bindeglied zwischen der heutigen Lesung und dem Evangelium. Da ist von Jesus einmal die Rede als »dem Lamm« – und dann wieder als »dem Hirten«.
Hier hinkt der Vergleich zwar ein wenig. Denn ein Schäfer kann nicht erst selbst ein Schaf werden. Aber gemeint ist dasselbe: Jesus ist für uns deshalb der gute Hirte, weil er einer von uns geworden ist. Er geht mit uns wie ein Hirte mit seinen Schafen, der sie zusammenhält, am Leben erhält, weil er für Weide- und Schlafplätze sorgt, für Sicherheit und Geborgenheit in der Herde.
Jesus ist das deswegen für uns, weil er einer von uns geworden ist: ein Mensch. Und weil er gelebt hat wie wir. Er kennt unsere Beschwernisse und unsere Sehnsüchte. Er weiß, was wir brauchen.
Er ist der beste Lehrer und Führer für uns, weil er in unserer Haut gesteckt hat.
Gleichzeitig sagen mir diese beiden Texte aber auch etwas über uns. Denn wir Menschen sind auch in beiden Rollen daheim. Wir sind immer zugleich Führer und Geführte,

Lehrer und Lernende, Helfer und Hilfsbedürftige, Hirten und Herdentiere.
Wir finden uns in der Rolle des Hirten, weil wir Sorge tragen für Menschen, die uns anvertraut sind: Eltern für ihre Kinder und Kinder für ihre altgewordenen oder kranken Eltern. Andere sorgen beruflich für Menschen in Krankenhäusern, in Schulen oder Werkstätten.
Und dann suchen wir selbst Führung, Halt und Sicherheit und finden uns wieder in der Rolle des Herdentieres, in der wir gern mit der Herde mitlaufen, ohne uns Gedanken zu machen, in welche Richtung es geht. Wir blöken mit der Menge, und wir laufen Leithammeln hinterher, die den Ton angeben.
Wir sind Führer und Geführte, Hirten und Herdentiere. Die Frage ist, woran wir uns in beidem orientieren.
Wenn wir uns von Jesus führen lassen und wenn wir in unserer Sorge um andere Menschen etwas von der Hirtensorge Jesu abbilden, dann sagen uns die Lesungen klar, wohin das führt: ins Zelt Gottes, an das Wasser des Lebens, an einen Ort, wo unser Lebenshunger und unser Lebensdurst wirklich gestillt wird. Im Bild wird hier ausgedrückt, was ja unsere Erfahrung ist: daß wir – was das Leben angeht – als Menschen unersättlich sind. Daß wir nach immer mehr, nach erfüllterem Leben suchen. Nur: Die Weidegründe, wo diese Erfüllung auch zu finden ist, kennt nicht jeder.
Es gibt zwar viele Leithammel, die uns das versprechen möchten, aber ihnen zu folgen führt meist nicht in die Erfüllung, sondern in die Enttäuschung. All die materiellen Dinge, denen wir so oft nachjagen, sind letztlich nicht imstande, uns zu einem guten, sinnvollen, erfüllten Leben zu verhelfen. Sie machen uns nur noch hungriger, aber nicht satt. Und allzu oft entpuppen sich solche Leithammel, die behaupten, daß sie den Weg zum wirklichen Leben wüßten, als Wölfe im Schafspelz, wenn sie merken, daß man ihnen nicht folgt. Dann weiden sie die Schafe nämlich nicht mehr, sondern reißen sie.

Das meint Johannes mit denen, die aus der Drangsal kommen, die ihre Kleider im Blut des Lammes gewaschen haben: Das sind die Märtyrer, die für ihren Glauben gestorben sind. Das sind diejenigen, die sich trotz aller Versprechungen nicht an die Leithammel dieser Welt gehängt haben, sondern dem einzigen wahren Hirten gefolgt sind: Jesus Christus.

In mancherlei Liedern und Gebeten singen und sprechen wir zwar schön davon, daß Jesus unser guter Hirte ist. Aber ist das im wirklichen Leben auch unsere Überzeugung? Oder verlassen wir uns da nicht doch lieber auf das, was uns die Leithammel dieser Welt weismachen: aufs Geld und auf das Wirtschaftswachstum, auf die Leistung und auf die Chemie, auf die Rüstung und auf den Erfolg?

Jesus sagt: »Meine Schafe hören auf meine Stimme; ich kenne sie, und sie folgen mir.« Es ist nicht leicht, die Stimme Jesu aus dem Geblök der vielen Leithammel herauszuhören. Und es ist noch schwerer, ihr zu folgen. Aber einen billigeren Weg zum Leben gibt es nicht – und einen sichereren auch nicht.

5. Sonntag der Osterzeit

Offb 21, 1–5a

Neues hat seinen Reiz. Neues ist schön, interessant, unverbraucht. Neues ist aufregend und spannend. Wir Menschen suchen immer wieder Neues, weil das Alte, Gewohnte mit der Zeit seinen Reiz verliert. Das meint auch das Wort »neugierig« – wir sind scharf auf Neues.

Das ist wahrscheinlich besonders ausgeprägt, wenn man jung ist. Da wird das Alte, Gewohnte schnell langweilig. Wir brauchen öfter Tapetenwechsel, Luftveränderung, etwas Neues, das uns wieder anregt.

Wenn man älter wird, überwiegt die andere Seite. Neues kann einen nämlich auch beunruhigen oder gar ängstigen. Man ist nicht mehr so leicht bereit, sich auf etwas Neues, Unbekanntes und Ungewohntes einzulassen. Man bleibt lieber bei dem, was man kennt, was man gewöhnt ist und was man absehen und einschätzen kann.

Johannes spricht von einem neuen Himmel und einer neuen Erde. Er spricht davon, daß Gott alles neu machen wird.

Die Frage ist, was diese Nachricht bei uns auslöst. Sind wir darauf neu-gierig, freuen wir uns darauf, daß Gott einmal alles – und auch uns selbst – neu machen wird? Daß er ein Leben für uns bereithält, das keine Trauer und keine Klage, keine Mühsal und keine Tränen mehr kennt?

Oder beunruhigt uns diese Ankündigung, daß einmal alles ganz anders, ganz neu sein wird? Regt sich in uns vielleicht das Mißtrauen: »Es kommt nichts Besseres nach!« Lassen wir lieber alles so, wie es ist.

Ich denke, es braucht uns nicht zu beunruhigen, daß Gott alles neu machen wird. Ich denke, es ist ein Grund, sich zu freuen. Denn in all dem Neuen, das sich ereignen wird, bleibt Gott derselbe – der, der er immer war, der er jetzt ist.

Und noch ein Gedanke kommt für mich hinzu. Gott wird nicht erst am Ende aller Tage alles neu machen. Ich glaube, daß er ständig dabei ist, die Dinge und uns selber neu zu machen. Vielleicht brauchen wir nur eine neue Sichtweise, neue Augen, um das zu bemerken?
Der Grund für diesen Glauben liegt für mich in dem Satz: Gott wird mitten unter den Menschen wohnen. Sie werden sein Volk sein, und er wird ihr Gott sein. Ja – am Ende der Tage wird das in vollkommener Weise so sein: Gott in der Mitte seines Volkes.
Aber heute ist das auch schon Realität – wenn auch nur in Bruchstücken. Aber wo Gott in der Mitte wohnt und sein Volk sich um ihn versammelt – da wird alles neu.
Wir Katholiken sagen zu Recht: »Das Wichtigste in der Messe ist die Wandlung – der Moment, da Brot und Wein für uns zum Leib und zum Blut Jesu Christi werden. Da wird doch etwas ganz Neues. Und von diesem Ereignis her verstehe ich die ganze Feier der Messe: Wir hören zuerst das Wort Gottes. Das will uns verwandeln, uns neue Augen schenken, damit wir die Dinge, die Menschen um uns herum neu wahrnehmen können: so wie Gott sie sieht. Dann kann ich auch an mir, an Kindern, Ehepartnern, an der Schöpfung neue Seiten entdecken.«
Schon hier soll Wandlung geschehen: »Ich mache alles neu«, sagt Gott.
Und später dann, nach der Wandlung von Brot und Wein in Leib und Blut Christi, essen wir gemeinsam diese verwandelten, neugewordenen Gaben. Wir selber sollen uns wandeln, sollen als neue Menschen leben.
So heißt für mich letztendlich Christsein: bereit sein, mich in jedem Moment meines Lebens immer wieder neu machen zu lassen von unserem Gott, der alles wandelt.
Christ sein heißt, bereit zu sein für Wandlung, für Neues: Bereit sein wie eine Braut, die sich für ihren Mann geschmückt hat. Bereit sein, alles neu zu sehen, neu zu werden, neu zu leben – mit Gott in der Mitte.

6. Sonntag der Osterzeit

Joh 14, 23–29

Das heutige Evangelium macht mir – ehrlich gesagt – ganz große Schwierigkeiten. Eigentlich komme ich über den ersten Satz nicht hinaus: »Wenn jemand mich liebt ...«, sagt Jesus. Ihn lieben! – Wer von uns hier in der Kirche kann das wirklich ehrlich von sich sagen, daß er Jesus liebt? Viele von den Älteren werden eher gelernt haben, Gott zu fürchten; vielleicht sogar, sich vor Gott zu fürchten. Das Evangelium ist in ihrem Leben immer wieder als Druckmittel eingesetzt worden, als Drohbotschaft, nicht als Frohbotschaft

Viele von den Jüngeren sind schon in Zeiten aufgewachsen, da man diesen Druck von sich abgeschüttelt hat. Man fürchtet Gott nicht mehr. Aber dafür läßt man ihn einen guten Mann sein. Er ist einem wurscht.

Aber Jesus lieben? – Ich muß von mir selbst sagen, daß ich noch lange nicht so weit bin. Denn »lieben« – das ist für mich ein ganz großes, ein heiliges Wort. Ich kann auch nur von ganz wenigen Menschen sagen, daß ich sie liebe.

Es gibt Leute, die finde ich ganz in Ordnung, nett und sympathisch. Es gibt Leute, die mag ich sehr gern, die sind meine Freunde. Und es gibt ganz wenige Menschen, von denen ich zu sagen wage, daß ich sie liebe.

Von meiner Beziehung zu Jesus kann ich auch nur in anderen Worten sprechen. Er begeistert mich, es geht etwas von ihm aus, was mich fasziniert. Ich möchte ihm folgen, ich möchte ihm ähnlicher werden. Ich möchte sein Freund sein. Und ich möchte ihn lieben – nicht nur mit dem Verstand, sondern wirklich auch mit dem Gefühl. Aber dann spüre ich oft, wie weit ich davon noch weg bin.

Wie der Apostel Thomas sagte: »Herr, ich möchte glauben, hilf meinem Unglauben«, so kann ich nur sagen: »Herr, ich möchte dich lieben – hilf du meiner Halbherzigkeit!«

Ich glaube aber auch, daß ich und jeder Mensch in der Beziehung zu Jesus verschiedene Stufen durchmachen muß. So wie es Menschen gibt, die mich vielleicht bloß ganz in Ordnung finden, ganz nett, so gibt es auch Christen, die in bezug auf Jesus noch auf dieser Stufe stehen: Sie finden ihn ganz in Ordnung, kämen aber auch noch ganz gut ohne ihn aus.
Und wie es Menschen gibt, die mich sehr gern mögen und mit mir befreundet sind, so gibt es auch Christen, die ein ähnliches Verhältnis zu Jesus haben: Sie suchen immer wieder seine Freundschaft und Nähe, aber es zieht sie auch wieder zu anderen Dingen oder Menschen.
Und wie Menschen, die sich lieben, den Wunsch haben, für immer beieinander zu sein, gibt es auch Christen, die immer mit Jesus verbunden sein wollen. Es sind sicher ganz wenige, die diese Liebe schon auf dieser Welt erreichen. Aber ich glaube fest daran, daß wir alle Jesus einmal so lieben werden, wenn wir für immer bei ihm sind.
»Wenn jemand mich liebt... wird er an meinem Wort festhalten.« Das kenne ich. Ich lebe mit vielen Worten, die irgendwann einmal liebende Menschen zu mir gesagt haben und die mich geprägt haben. Eines davon macht mir sehr viel Mut. Und es paßt auch zu der Frage, ob ich überhaupt schon soweit bin, daß ich sagen kann: »Ich liebe Jesus«. Dieses Wort stammt vom Prior des Klosters Taizé und heißt: »Lebe das, was du vom Evangelium verstanden hast!«
Egal, wie eng oder wie locker meine Beziehung zu Jesus momentan ist: Das, was ich von seinen Worten verstanden habe, soll ich leben, daran soll ich mein Herz hängen – und wenn es nur ein einziger Satz aus der ganzen Bibel wäre. Das genügt schon!
Denn Jesus sagt: »Wenn jemand mich liebt, wird er an meinem Wort festhalten. Mein Vater wird ihn lieben, und wir werden zu ihm kommen und bei ihm wohnen.«
Ein einziges Wort von Jesus wirklich zu leben – das heißt, die Liebe Gottes erfahren. Und ein einziges Wort von Jesus

wirklich zu leben, genügt, um zu Gott zu finden und für immer bei ihm zu wohnen.
Ein einziges Wort von Jesus halten und festhalten – und den Rest wird der Heilige Geist uns schon lehren, sagt Jesus. Hauptsache, wir haben einmal einen Anfang gemacht!
Solche Worte machen mir wieder Mut. Sie lassen mich nicht traurig darüber bleiben, daß ich noch nicht sagen kann: »Ich liebe Jesus.« Sie lassen mich dieses Wort nicht als Über-Forderung sehen, sondern als Heraus-Forderung. Darum schäme ich mich auch nicht, zu sagen: »Herr, ich möchte dich lieben. Hilf du meiner Halbherzigkeit!«

7. Sonntag der Osterzeit

Joh 17,20–26

Dieses Abschiedsgebet Jesu ist einer der wichtigsten Texte im ganzen Neuen Testament. Denn Jesus betet hier für uns. Und es ist gut, daß er für uns betet, weil wir das, worum er bittet, aus eigener Kraft nicht schaffen können. Es ist ein Gebet um die Einheit.

Jesus sagt mehrmals: Er und der Vater sind eins. Der Vater-Gott und der Sohn Jesus sind eins; mehr als nur ein Herz und eine Seele. Jesus sagt nichts, was Gott nicht auch sagen würde. Er tut nichts, was Gott nicht auch tun würde. Es ist ein und dasselbe, ob Gott redet oder Jesus, ein- und dasselbe, ob Gott handelt oder Jesus. Der Grund dafür ist die gegenseitige Liebe. Wegen dieser Einheit zwischen Vater und Sohn nennen wir Jesus ja das »fleischgewordene Wort« Gottes.

Und nun bittet Jesus um dieselbe Einheit für – ja, für wen? Nicht nur für die Jünger, seine engsten Vertrauten, sondern für alle, die durch ihr Wort an ihn glauben. Damit sind wir auch gemeint. Die durch ihr Wort an ihn glauben, das sind diejenigen, die so halb glauben, die zwar unterwegs sind, aber noch nicht am Ziel: die eben nur durch ihr Wort glauben, aber noch nicht durch ihr Verhalten im Leben. Das paßt auf uns. Wir sagen, daß wir glauben – aber wir handeln und leben oft so, als ob wir nicht glauben. Deswegen betet Jesus für uns: um Einheit.

Diese Einheit hat eine doppelte Bedeutung: Zuallererst geht es darum, daß wir mit Gott eins sind wie Jesus. Wir sollen uns immer mehr in Gott verwurzeln; denken, wie Gott denkt; reden, wie Gott redet; handeln, wie Gott handelt. In Gedanken, Worten und Werken sollen wir Gott immer ähnlicher werden. Wir können das, wenn wir auf Jesus schauen. Denn er hat uns das Zeug dazu gegeben:

– die Herrlichkeit, sagt er. Das meint die Fähigkeit, Gott sichtbar zu machen.
– die Erkenntnis Gottes, sagt er. Das heißt: Wir wissen, wer er ist.
– und den Namen Gottes, sagt er. Das heißt: Wir kennen Gottes Wesen, wir wissen, wie er ist.

Klar ist: Wenn die Seinen in Gott verwurzelt, in Gott daheim sind, dann sind sie auch untereinander eins. Diese Einheit schaffen wir nie und nimmer aus eigener Kraft. Diese Einheit bewirkt nur Gott.

Solche Einheit untereinander kann es nur geben, wenn es einen gemeinsamen Bezugspunkt gibt, in dem alle verwurzelt sind und der über allen weltlichen Vereinigungsbestrebungen steht. Solche Einheit kann nicht erreicht werden über ein geeintes Deutschland oder Europa, nicht durch eine Partei oder einen Verein – auch keine Pfarrei, sondern nur dadurch, daß sich die unterschiedlichsten Menschen in ein und demselben Gott festmachen. So hat schließlich auch Jesus begonnen: Er hat zwölf ganz unterschiedliche Typen in Gott festgemacht. So wurden sie eins.

Wenn Menschen also in Einheit mit Gott leben, dann leben sie auch in Einheit miteinander. Die Einheit mit Gott bewirkt die Liebe, den Zusammenhalt, den Frieden und die Gemeinschaft. Das Ziel dieser Einheit benennt Jesus auch: Nämlich daß die Welt Gott erkennt und an ihn glaubt. Einheit mit Gott und untereinander hat also weltverändernde Kraft!

Vielleicht missionieren wir in die falsche Richtung? Vielleicht versuchen wir viel zu sehr, die Ungläubigen zu bekehren, statt die Bekehrung der Gläubigen voranzubringen?

– Wenn heute Missionare irgendwo hinkommen, dann nicht als Einzelkämpfer, sondern immer als kleine Gemeinschaft, die einfach nur vorlebt, wie Einheit mit Gott und untereinander aussieht.
– Wenn eine Ehe wirklich christlich gelebt wird, wenn sich zwei Menschen wirklich in Gott festmachen und so eine

neue Einheit bilden, dann machen sie in ihrer Treue und Liebe etwas von Gott sichtbar.
- Das Kennzeichen der ersten christlichen Gemeinden war für die Außenstehenden: »Seht, wie sie einander lieben!«

Warum ist das heute nicht mehr so? Stimmt vielleicht in unserem Verhältnis zu Gott etwas nicht, wenn es untereinander nicht mehr stimmt? Müßten wir nicht wieder zuallererst die Einheit mit Gott suchen, um auch untereinander eins werden zu können?
Ich bin fest davon überzeugt: Wenn heute alle Christen auf der ganzen Welt sich wirklich tief in Gott verwurzeln würden und von ihm her denken, reden und handeln würden – wie die Reben mit dem Weinstock mit ihm verbunden wären –, dann würden gewiß die Gemeinden und die Welt überhaupt ein Stück anders aussehen. Dann wäre die Einheit mit Gott und untereinander ein Zeichen, das die Welt aufmerksam werden ließe; weil man sich fragen würde: Warum lebt ihr so? Wie ist so was möglich? Woher kommt das? Wieso geht das?
Und wir würden ihnen sagen: Das kommt von Gott. Das geht, weil Gott mit uns geht. Er liebt uns, und wir lieben ihn. Und deswegen können wir gar nicht anders, als auch einander zu lieben. Das wäre tatsächlich anziehend, faszinierend und attraktiv.
Ich bin froh, daß Jesus dieses Gebet gesprochen hat. Und er spricht es bestimmt heute immer noch für uns, weil wir noch nicht so weit sind. In diesem Gebet steckt sein ganzes Vermächtnis an uns, sein ganzes Testament.
Die Frage, die sich uns stellt, ist: Wollen wir diese Einheit mit Gott? Wollen wir die Einheit untereinander? Und trauen wir Gott zu, daß er uns diese Einheit schenken kann?

1. Sonntag im Jahreskreis

Lk 3, 15–16.21–22 (Taufe des Herrn)

Ich möchte Ihnen ein kleines Erlebnis erzählen, an das ich mich immer wieder gern erinnere.
Ich war im Urlaub im Bayerischen Wald und bin für ein paar Tage krank geworden. Derweil ich das Bett gehütet habe, um meine Erkältung auszukurieren, kam öfter der fünfjährige Sebastian, der Sohn der Wirtsleute, um mit seinen Autos in meinem Zimmer zu spielen. Sonst hatten wir manchmal zusammen draußen gespielt, allein war es ihm langweilig. Wir haben uns dabei prima unterhalten; keinem von uns war es langweilig. Als er wieder einmal aus dem Zimmer ging, drehte er sich an der Tür noch einmal um, schaute mich an und sagte in seiner breiten Mundart: »Mei, wia i di mog! Daß's grad aus is!«
So einen Satz kann man nicht übersetzen. Aber dieser Satz hat mich mehr als gesund gemacht. So einen Satz hören, das macht *heil.* »Mei, wia i di mog! Daß's grad aus is!«
Im Evangelium heute steht dieser Satz ähnlich, allerdings auf hochdeutsch. »Du bist mein geliebter Sohn, an dir habe ich Gefallen gefunden!« Das sagt Gott zu Jesus. »Du bist o.k. Du bist in Ordnung. Ich hab dich lieb. Du gefällst mir.« Noch bevor Jesus irgend etwas tut, noch vor Beginn seiner öffentlichen Tätigkeit, hört er von Gott diesen Satz: »Mei, wia i di mog! Daß's grad aus is!«
Ich bin sicher, daß Gott das zu jedem von uns sagt. Wir hören es sicher nicht als Stimme vom Himmel. Aber wenn jemand wie der kleine Sebastian so etwas zu mir sagt, wenn Freunde oder Ehepartner so etwas zueinander sagen, dann öffnet sich für uns doch auch der Himmel, und wir dürfen sicher sein, daß wir da auch Gottes Stimme gehört haben, die zu uns sagt: »Mei, wia i di mog!«
Gott sagt das zu uns, weil wir seine Kinder sind. Und er sagt

es zu uns – wie zu Jesus – noch bevor wir irgend etwas tun können oder etwas geleistet haben. Er sagt es zuerst zu uns – denn wir brauchen uns seine Liebe nicht zu verdienen. Wir brauchen uns nicht bei Gott beliebt zu machen oder uns einzuschmeicheln. Er sagt einfach: »Ich mag dich, weil es dich gibt.« Und auch umgekehrt: »Es gibt dich, weil ich dich mag. So mog, daß's grad aus is!«
Glücklich, wer das glauben und annehmen kann! So einen Satz zu hören, so ein Wissen im Herzen zu tragen – das gibt ungeheure Kraft! Zu wissen: Ich bin von meinem Vater geliebt, das hat Jesus die Kraft gegeben, andere zu lieben, Widerstände und Ablehnung auszuhalten und sogar für diese Liebe in den Tod zu gehen.
Glücklich, wer auch in seinem Leben erfährt, daß er geliebt ist: von Eltern und Geschwistern, von Freunden, Frau und Mann. Wer das erfährt, kann leichter glauben, daß das alles nur ein Abbild von Gottes Liebe zu ihm ist, der auch schon längst zu ihm gesagt hat: »Mei, wia i di mog!«
Und für andere ist es wohl die wichtigste Lebensaufgabe, sich diesen Satz immer wieder sagen zu lassen, bis sie ihn glauben können: denn nur durch diesen Glauben wird der Mensch heil.
Diejenigen, die sich selbst nicht lieben können, weil sie immer an ihren eigenen Idealen scheitern oder unter ihrer Unvollkommenheit leiden; diejenigen, die sich überhaupt nicht für liebenswert halten, weil sie nie um ihrer selbst willen geliebt worden sind; diejenigen, die sich die Liebe anderer immer nur durch Leistung verdienen mußten, die sich Liebe nur erkaufen oder erschleichen können ... Gerade für sie ist dieser Glaube so heilsam, daß Gott wirklich sagt: »Ich hab dich lieb« – mehr als Worte sagen können. Gerade sie sollten öfter mal das Kindermutmachlied singen, in dem diese Erfahrung so schön verdichtet ist:

»Wenn einer sagt, ich mag dich, du, ich find dich ehrlich gut!
dann krieg ich eine Gänsehaut und auch ein bißchen Mut.

Wenn einer sagt, ich brauch dich, du, ich schaff es nicht allein;
dann kribbelt es in meinem Bauch, ich fühl mich nicht mehr klein.

Wenn einer sagt komm, geh mir mir, zusammen sind wir was!
dann werd ich rot, weil ich mich freu, dann macht das Leben Spaß!

Gott sagt zu dir: Ich hab dich lieb. Ich wär so gern dein Freund!
und das, was du allein nicht schaffst, das schaffen wir vereint!«*

Und zum Schluß möchte ich noch einmal zu der Begebenheit mit dem kleinen Sebastian zurückkommen. Ich habe seinen Satz bisher so gedeutet, daß es Gottes Stimme ist, die durch ihn gesprochen hat: »Mei, wia i di mog! Daß's grad aus is!« Aber ich glaube, es könnte auch umgekehrt sein. Wenn wir unser Leben einmal so sehen, daß wir alle wie Kinder sind, die da vor ihrem Gott leben, spielen, sich freuen, einfach da sein dürfen – und wir dann zu unserem Gott ganz spontan sagen: »Mei, wia i di mog – daß's grad aus is!« – dann wäre das sicher das beste und schönste Gebet, das wir zu ihm sprechen könnten. Dann bliebe seine Liebe zu uns nicht unerwidert. Dann hätten wir die Antwort gegeben, weil wir die richtige Beziehung zu Gott gefunden hätten. Vielleicht können wir das nachher einmal im stillen mitdenken, wenn wir beten: Vater unser im Himmel ... wir mögen dich, weil du uns magst – so magst, daß's grad aus is!

* (Text: Andreas Ebert, aus: »Feiert Gott in eurer Mitte«, Rechte: Hänssler Verlag, Neuhausen-Stuttgart)

2. Sonntag im Jahreskreis

Joh 2,1–11

Wenn ich die Bibel aufschlage, dann werden dort viele Wunder von Jesus berichtet, und in den meisten Fällen sagt er etwas dazu. Beim Weinwunder in Kana sagt Jesus nichts – und trotzdem heißt es im letzten Satz: »So tat Jesus sein erstes Zeichen in Galiläa und offenbarte seine Herrlichkeit, und seine Jünger glaubten an ihn.«

Es macht mir, ehrlich gesagt, Schwierigkeiten, daß Jesus selbst nichts zu diesem Wunder sagt, aber ich nun etwas dazu sagen soll. Ich möchte gern wissen, was es heißt, daß Jesus mit diesem Zeichen seine Herrlichkeit offenbarte, und ich möchte verstehen, wie und als wer er sich damit offenbart.

Die Erzählung vom Weinwunder sagt mir zunächst: Jesus offenbart sich, indem er Wasser in Wein verwandelt. Gut, möchte ich einwenden, damit hat er also gezeigt, daß er etwas kann, was andere nicht können. Und für seine Jünger war er halt der Größte. Aber ist das schon alles? Was heißt das wirklich: Jesus offenbart sich, indem er Wasser in Wein verwandelt?

Der Wein war unbedingt nötig für die Hochzeitsfeier. So eine Hochzeit dauerte sieben Tage, und es wurde ziemlich viel getrunken und ausgelassen gefeiert. Wenn aber der Wein ausgeht, bevor das Fest richtig zu Ende ist, geht die ganze Stimmung flöten. Die Leute kehren heim, und die Brautleute werden zum Gespött des ganzen Dorfes. Das Fest steht und fällt also mit dem Wein.

Doch nun zeichnet sich ab, daß das Weinfaß bald leer ist. Was noch reichlich vorhanden ist, ist Wasser. Und Jesus läßt die Krüge voll Wasser schöpfen. So voll, daß nichts mehr hineingeht. Er läßt davon schöpfen – und es ist Wein. Weiter erfahren wir nichts über das Wunder.

Diese Verwandlung von Wasser in Wein, heißt es, ist eine Offenbarung. Nicht nur ein Kunststück, das Jesus vollführt. Und seine Jünger glauben nicht nur, daß Jesus hier einen Trick beherrscht, sondern sie glauben an ihn. Das heißt, sie haben das Zeichen verstanden und verstehen Jesus jetzt besser. Sie wissen jetzt: Jesus kann eine Notsituation abwenden, indem er das nimmt, was da ist, und mehr daraus macht, indem er es verwandelt.

Wenn das eine Offenbarung ist, dann hat sie auch mit mir etwas zu tun. Ich möchte das nämlich auch gern glauben – so wie die Jünger damals. Und wenn das erst der Anfang der Zeichen ist, dann wirkt Jesus auch heute in meinem Leben noch Zeichen dieser Art.

Deswegen frage ich weiter. Habe ich schon einmal so etwas erlebt, daß sich in meinem Leben Wasser in Wein verwandelt hat? Kenne ich Situationen, in denen mir der Wein ausgeht? Nicht nur so, daß Besuch kommt und ich keinen Bocksbeutel mehr im Keller habe?

Ich habe keinen Wein mehr – das heißt für mich: Ich bin absolut ratlos, wo ich Rat geben sollte. Ich bin hilflos, wo ich gern helfen möchte. Alles, was ich in dieser Lage rede oder tue, scheint mir viel zu dünn, zu wäßrig, zu fad und zu geschmacklos zu sein. Ich habe das vor Weihnachten erlebt, als ich ein paarmal angerufen wurde und erfahren habe, daß aus meinem Bekanntenkreis jemand gestorben ist. Ich wollte gern trösten, mein Mitgefühl ausdrücken, aber ich wußte nicht, was ich schreiben oder sagen sollte. Es schien mir, als ob kein Wort richtig ausdrücken könnte, was ich eigentlich sagen wollte. Und trotzdem habe ich die Erfahrung gemacht, daß die Reaktion der Leute auf meine hingestammelten Karten und meinen Besuch nicht so war, als hätten sie nur Wasser bekommen.

Ähnlich ging es mir mit den Geschenken. Ich hatte das Gefühl, als könnten die Päckchen und Kärtchen niemals das ausdrücken, was ich eigentlich empfinde. Der Dank für Freundschaft, für Liebe und Sorge läßt sich eben nicht in ein paar Zeilen und einem Geschenk ausdrücken. Auch hier wollte ich gern noch viel mehr geben und sagen und schenken, als möglich war. Und trotzdem habe ich den Eindruck, es war richtig, wenigstens das zu geben, was ich geben konnte.

Ich denke, daß Sie auch schon solche Erfahrungen gemacht haben. Und vielleicht können Sie heute sagen: »Ja, da habe ich Jesus erlebt als den, der mein Wasser für andere in Wein verwandelt hat.« Ich kann dieses Wunder der Verwandlung nicht erklären – nicht für damals und nicht für heute. Irgendwo zwischen dem Schöpfen und dem Probieren wird das Wasser verwandelt, wird es für die anderen zu Wein. Ich kann das Wunder nicht erklären. Ich weiß nicht, wie es geschieht. Aber ich weiß, woher der Wein kommt: von Jesus.

Ich kann Jesus auch nicht zwingen, dieses Wunder zu wirken, so wie Maria ihn nicht zwingen konnte. Aber ich kann tun, was er sagt: »Füll deine Krüge mit Wasser! Hab keine Angst, das zu nehmen, was du hast. Mach deine Krüge randvoll und schöpfe aus dem vollen, aus dem, was du hast.«

Diese Zusage macht mich gelassen, denn ich darf darauf hoffen, daß Jesus sich auch in meinem Leben immer wieder als der offenbart, der Wasser in Wein, Schwäche in Kraft, Mutlosigkeit in Hoffnung und Sprachlosigkeit in Trost verwandeln kann.

Ich wünsche uns allen jeden Tag diese Erfahrung neu und diesen Glauben.

3. Sonntag im Jahreskreis

Lk 1, 1–4; 4, 14–21

Im Pfarrhaus haben wir inzwischen vier verschiedene Tageszeitungen: Haßfurter Tagblatt, Fränkischer Tag, Steigerwaldbote und das Fränkische Volksblatt. Jede dieser Zeitungen berichtet im Grunde von den gleichen Ereignissen – aber auf ganz verschiedene Weise. Was die eine Zeitung ausführlich auf der ersten Seite bringt, das bringt die andere vielleicht nur als kurze Meldung auf der Seite 3. Manches, was im Ostteil der Pfarrei geschehen ist, findet man im Steigerwaldboten, der hauptsächlich im Westen gelesen wird, überhaupt nicht.
Ganz ähnlich ist es mit den vier Evangelisten. Sie berichten auch mehr oder weniger von den gleichen Ereignissen, aber auf ganz verschiedene Weise. Je nachdem, was ihnen wichtig ist, erzählen sie es gleich zu Anfang oder erst weiter hinten.
Heute haben wir im Evangelium gewissermaßen die Schlagzeilen der »Lukas-Zeitung« gelesen. Lukas schreibt für Leute, die früher Heiden waren, denen also der Glaube und die Gebräuche der jüdischen Religion völlig fremd sind. Und er schreibt für arme Leute: für Bauern und Sklaven. Darum möchte er, daß sich seine Leser möglichst schnell ein Bild von Jesus machen können. Sein Evangelium ist am Anfang gewissermaßen eine »Bild-Zeitung«. Er bringt nicht Predigten, sondern Taten von Jesus. Damit will er zeigen: Jesus ist der Retter, der Heilbringer. Jesus zeigt uns die Menschenfreundlichkeit Gottes.
Wie macht er das? Er erzählt die Begebenheit, die sich in der Synagoge von Nazareth zugetragen hat, ganz am Anfang. Jesus liest aus der Schrift die alte Verheißung des Propheten Jesaja vor: »Der Geist des Herrn ruht auf mir...« Und am Schluß erklärt Jesus seinen Hörern: »Heute hat sich dieses

Schriftwort erfüllt. Jetzt ist das nicht mehr eine Verheißung, auf die ihr warten müßt. Jetzt wird das alles Wirklichkeit.«
Jeder Leser (und jeder Hörer damals) wird sich gesagt haben: »Na, da bin ich aber gespannt, wie sich das erfüllt.«
Und so beschreibt Lukas weiter, was sich daraufhin alles ereignet: eine Besessenenheilung, die Heilung der Schwiegermutter des Petrus, ein Sammelbericht über Krankenheilungen, den reichen Fischfang, die ersten Jüngerberufungen, eine Aussätzigenheilung, die Heilung eines Gelähmten, die Zuwendung Jesu zu den Zöllnern, vom Ährenrupfen am Sabbat, die Berufung der zwölf Apostel und noch einen Sammelbericht vom Heilen und Lehren Jesu. Als Abschluß berichtet Lukas dann, daß die Jünger des Johannes zu ihm kommen und ihn fragen: »Bist du wirklich der, der kommen soll – oder müssen wir auf einen anderen warten?«
Wer bis hierher aufmerksam mitgelesen hat, kann die Antwort selbst geben: Die Antwort Jesu: »Was habt ihr denn bisher gesehen und gehört? – Blinde sehen, Lahme gehen, Aussätzige werden rein und Taube hören, Tote stehen auf und den Armen wird die gute Nachricht verkündet!«
Mit dieser Art, das Evangelium zu erzählen, wird Lukas zum Zeugen. Er will uns sagen: »Schaut doch hin, was Jesus tut! Daran seht ihr, daß in ihm Gott am Werk ist. Seine Taten sprechen doch für sich. Wer das sieht und hört, der kann Jesus Glauben schenken.«
Lukas will mehr, als nur eine Lebensbeschreibung Jesu geben. Wenn das alles nur ein einmaliges Ereignis gewesen wäre, hätte er sich die Mühe sparen können. Was interessiert einen Leser, was ein gewisser Jesus aus Nazareth vor soundsoviel Jahren getan und gepredigt hat?
Aber Lukas glaubt daran, daß Jesus bei uns ist und lebt und wirkt, weil er auferstanden ist. Darum erzählt er das alles. Darum gibt er in dem, was er aufschreibt, sein persönliches Glaubenszeugnis: In Jesus wird Gott erfahrbar. So, wie er handelt, kann nur Gott am Werk sein. Das Heil bricht da

an, wo gehandelt wird, nicht dort, wo man bloß redet. Das Reich Gottes wird da Wirklichkeit, wo der Mensch anfängt, heil zu werden. Darum ist Glaube nicht eine Sache allein für den Kopf, sondern für die Erfahrung und für das Herz.
In den folgenden Wochen und Monaten werden wir hauptsächlich aus dem Lukasevangelium hören. Und wir hören hauptsächlich von dem, was Jesus *getan* hat. Ich denke, es wäre für Lukas die größte Freude, wenn sein Zeugnis uns heute genauso begeistert wie seinen Freund Theophilus, für den er sogar noch eine Fortsetzung geschrieben hat: die Apostelgeschichte. Und ich denke, es ist ganz im Sinn von Lukas, wenn unsere Freude sich darin ausdrückt, daß wir das Tun Jesu nachahmen, damit für die Menschen auch heute die Freundlichkeit und Nähe Gottes erfahrbar wird. Worte sind gut. Taten sind noch besser.

(Angeregt von: Heribert Arens, Gott, du bist so menschlich. Beobachtungen und Meditationen zum Lukasevangelium, München 1982, S. 14–16: »Was Jesus getan und gelehrt hat.« Ein Grundzug lukanischer Verkündigung.)

4. Sonntag im Jahreskreis

Jer 1,4–5.17–19

In letzter Zeit taucht ein Wort immer öfter auf: das Wort »hinschmeißen«. Immer mehr Leute wollen am liebsten alles hinschmeißen. Eine Aufgabe, ihre Verantwortung, selbst Ehepartner werden »fallengelassen«, eine Ausbildung wird abgebrochen und eine Lehre hingeschmissen.
Die Lesung sagt uns, woran sich der Prophet Jeremia immer wieder erinnert hat, wenn er am liebsten alles hingeschmissen hätte:

In den Tagen Joschijas, des Königs von Juda
4 erging das Wort des Herrn an mich:
5 Noch ehe ich dich im Mutterleib formte,
habe ich dich ausersehen,
noch ehe du aus dem Mutterschoß hervorkamst,
habe ich dich geheiligt,
zum Propheten für die Völker habe ich dich bestimmt.

17 Gürte dich,
tritt vor sie hin,
und verkünde ihnen alles, was ich dir auftrage.
Erschrick nicht vor ihnen,
sonst setze ich dich vor ihren Augen in Schrecken.
18 Ich selbst mache dich heute zur befestigten Stadt,
zur eisernen Säule und zur ehernen Mauer
gegen das ganze Land,
gegen die Könige, Beamten und Priester von Juda
und gegen das Volk auf dem Land.
19 Mögen sie dich bekämpfen,
sie werden dich nicht bezwingen;
denn ich bin mit dir, um dich zu retten –
Spruch des Herrn.

Jeremia hat also auch solche Zeiten gekannt, in denen er am liebsten alles hingeschmissen hätte. Dann hat er sich klargemacht, wie alles angefangen hat.

1. Er sagt: »Das Wort des Herrn erging an mich.« – Das kann manchmal lang dauern, bis man es richtig versteht. Bei mir hat es mehr als zwei Jahre gedauert, bis ich wußte, daß ich ins Priesterseminar gehen würde. Bei manchen dauert es noch länger, bis Gott zu ihnen vernehmbar spricht.
Aber was Gott da zu Jeremia gesagt hat, das sagt er zu jedem Menschen: »Noch ehe ich dich im Mutterleib formte, habe ich dich *ausersehen* und *geheiligt* und *bestimmt.*«
Das muß man sich mal klarmachen! Zu jedem von uns sagt Gott: »Ich kenne dich schon lange. Ich habe schon ein Auge auf dich geworfen, bevor du geboren warst. Ich will, daß es dich gibt! Und ich habe dich geheiligt, d. h. ich habe dich mit all dem ausgerüstet und ausgestattet, was du brauchst. Und ich habe dich bestimmt für eine Aufgabe: Du sollst mithelfen, meinen Plan mit der Welt zu verwirklichen. Dieser Plan heißt Gerechtigkeit und Frieden, Glück und Lebensmöglichkeiten für alle.«
Das, was Jeremia beschreibt, nennen wir Erwählung. Jeder Mensch, den es auf dieser Erde gibt, ist von Gott erwählt. Es gibt uns deshalb, weil Gott uns haben will!

2. Und nun schildert Jeremia, welchen Auftrag *er* von Gott bekommen hat: »Verkünde ihnen alles, was ich dir auftrage!«
Das ist *sein* Auftrag, *seine* Berufung. *Meine* Berufung ist es, Priester zu sein. Für einen anderen ist seine Berufung der Beruf – wenn einer mit Leib und Seele seine Arbeit tut. Für andere ist ihre Berufung ihre Lebensform – wenn sie mit ganzem Herzen für ihren Ehepartner und ihre Kinder da sind. Für andere liegt ihre Berufung in den Hobbies – sie brauchen zwar einen Beruf zum Geldverdienen, aber ihre Berufung erfüllen sie in ihrer Freizeit, wenn sie sich irgendwo betätigen in der Pfarrei, in Vereinen, im Dorf.

Jeder muß sich selbst fragen, ob er die Stimme Gottes schon gehört hat. Ob das, was ich jetzt tue, dem Plan Gottes entspricht. Ob ich meine Berufung schon entdeckt habe. Sicher ist: Gott stellt an jeden, den er erwählt hat, auch einen An-Spruch. Wo gehöre ich hin? Was soll ich tun?

3. Jetzt kommt für mich die Hauptsache. Gott stellt nicht nur An-Sprüche. Er gibt auch seinen Zu-Spruch. *Ich bin mit dir, um dich zu retten,* sagt er. Darauf kann ich mich verlassen. Bei allem, was ich tue, um meine Berufung zu erfüllen, ist Gott bei mir.
Und wenn ich doch manchmal alles hinschmeißen möchte? Gott sagt: »Erschrick nicht vor ihnen, sonst setze ich dich vor ihren Augen in Schrecken.« Das weiß jeder Sportler: Wenn die Fußballmannschaft Angst vor dem Gegner hat, ist sie verloren. Wenn ein Boxer Angst vor dem Gegner hat, ist er so gut wie k.o. Da ist es die Aufgabe eines guten Trainers, die Angst zu nehmen und beizustehen.
Mir kommt es hier so vor, als wenn Gott wie ein Trainer ist, der auf der Bank am Spielfeld sitzt oder hinter dem Ring steht und immer wieder anfeuert: »Hab keine Angst! Ich bin bei dir! Du schaffst das! Mögen sie dich bekämpfen, sie werden dich nicht bezwingen, denn ich bin mit dir, um dich zu retten!«
Vielleicht hilft uns dieses Wort, wenn wir wieder einmal versucht sind, alles am liebsten hinzuschmeißen. Dann können wir uns wie Jeremia daran erinnern:

- Wir sind von Gott erwählt. Er will, daß es uns gibt.
- Er hat einen Anspruch an uns, einen Auftrag. Vielleicht ist gerade das meine Berufung, was ich jetzt hinschmeißen möchte?
- Und Gott sagt: Erschrick nicht – sonst setze ich dich vor ihren Augen in Schrecken. Wenn du deine Berufung verläßt, bist du verlassen. Wenn du aber durchhältst, dann bin ich mit dir, um dich zu retten – Spruch des Herrn. Anspruch und Zuspruch des Herrn.

5. Sonntag im Jahreskreis

Lk 5, 1–11

Ein Sprichwort sagt: »Probieren geht über studieren.« Nach dieser Regel hat sich auch Jesus immer wieder gerichtet, solange seine Jünger bei ihm in die Schule gegangen sind. Schon hier, ganz am Anfang, läßt er sie etwas probieren, eine Erfahrung machen. Und diese Erfahrung trägt und prägt ihr ganzes weiteres Leben. Ich glaube, wenn heute unsere große Schwierigkeit darin besteht, Menschen für das Evangelium zu gewinnen, dann ist es vielleicht ganz gut, wenn wir uns die Pädagogik Jesu einmal genauer anschauen.

Was tut er? Er beginnt mit seinem öffentlichen Auftreten. Das Volk, heißt es, drängt sich um ihn, um das Wort Gottes zu hören. Und er geht darauf ein. Er betätigt sich also als Lehrer. Aber es genügt ihm nicht, immer nur die große Masse zu lehren. Er braucht Mitarbeiter, Helfer, die ihn unterstützen. Deswegen gibt er nach dem allgemeinen Unterricht noch gesonderten, differenzierten Förderunterricht. Und das tut er nicht so sehr mit Worten, sondern dadurch, daß er die Jünger etwas tun läßt. Er läßt sie das tun, worin sie Experten sind, worin sie sich auskennen: Fischen. Obwohl es nach vergeblicher Liebesmüh aussieht, obwohl es gegen jede Erfahrung spricht, am hellichten Tag hinauszufahren, wo sich alle Fische auf den Seegrund verzogen haben, läßt er sie hinausfahren. Und sie machen den Fang ihres Lebens!

Petrus spürt, daß es hier nicht mit rechten Dingen zugeht. Daß es um mehr geht als um das Fischefangen. Erst die Predigt Jesu und dann dieser Fischfang. Er kann nur sagen: »Herr, geh weg, ich bin ein Sünder!« Er spürt, daß hier etwas Größeres im Spiel ist als nur sein eigenes menschliches Zutun. Er spürt, daß göttliche Macht ihn ergriffen hat und durch ihn gewirkt hat. Das läßt ihn erschrecken – vor seiner eigenen Kleinheit und vor der göttlichen Größe. Seine menschliche Schwachheit und die Stärke Gottes sind zusammengekommen. Das hält er nicht aus: »Herr, geh weg – ich bin ein Sünder!«

Aber Jesus macht ihm nun klar, worauf es ihm mit dieser Lektion ankommt. »Fürchte dich nicht. Von jetzt an wirst du Menschen fangen!«

Jesus hat beispielhaft deutlich gemacht, was er selber tut und was die Jünger auch tun sollen:

Jesus hat aus der großen Masse der Leute einige ausgewählt, die er in besonderer Weise braucht – die Jünger, die Fischer. Und die Fischer haben aus der großen Masse der Fische im See ein Netz voll an Land gezogen.

Genauso sollen sie es mit den Menschen machen. Sie sollen in Zukunft Menschen für Gott an Land ziehen. Sie sollen diejenigen aus der Masse herausfischen, die für das Evangelium empfänglich sind, die beim Wort Gottes anbeißen.

Probieren geht über studieren. Jesus hat die Jünger die Erfahrung machen lassen, daß sie das können, was er mit ihnen vorhat. Er hat sie spüren lassen, daß sie alles können, wenn er bei ihnen ist und ihnen den Auftrag gibt. Diese Erfahrung trägt und prägt sie. Sie gibt ihnen die Kraft, auch in Erfolglosigkeit den Mut nicht zu verlieren.

Ich frage mich, ob Jesus nicht auch in meinem Leben nach dem Grundsatz vorgeht: Probieren geht über studieren. Vielleicht kommt er auch gerade dann, wenn ich sage: »Es hat doch sowieso alles keinen Sinn. Da plagt man sich die ganze Zeit für nichts und wieder nichts. Da redet man sich den Mund fransig, und nichts passiert!«

Und Jesus sagt: »Probier's noch einmal« – und dann passiert etwas, was ich nicht zu träumen wage...

Ein Fischer muß immer wieder das Netz auswerfen, bis er den Fang seines Lebens macht. Einer, der Menschen für Gott an Land ziehen will, muß immer wieder probieren, ob jemand anbeißt.

Als Christen müssen wir auch immer wieder die Netze auswerfen, Zeugnis geben – bis jemand anbeißt und sich für Gott an Land ziehen läßt. Wenn wir sagen: »Es hat ja doch keinen Zweck« – dann geschieht nichts. Wenn wir uns von dem Grundsatz leiten lassen: Probieren geht über studieren – dann ist alles möglich.

6. Sonntag im Jahreskreis

Jer 17,5–8

Bei diesen Worten fallen mir unwillkürlich so manche Stoßseufzer ein, die ich bisweilen zu hören bekomme: »Man kann sich halt auf niemanden mehr verlassen.« – »Wenn ich mal jemanden brauche, dann ist keiner da.« – »Jeder denkt an sich, nur ich denk' an mich.«
Es können unterschiedliche Erfahrungen sein, die hinter solchen Äußerungen stecken:

- Da ist die Enttäuschung. Jemand, auf den ich Hoffnung und Vertrauen gesetzt habe, läßt mich plötzlich fallen.
- Da ist das Mißtrauen, weil ich es nicht riskieren will, im Stich gelassen oder ausgenutzt zu werden.
- Da ist das Gefühl der Ohnmacht Menschen gegenüber, die mich beinahe aussaugen wollen, die immer mehr und immer wieder von mir fordern.

Letztendlich steckt hinter solchen Seufzern die Erfahrung: Menschen können mir nicht alles geben, was ich mir ersehne und wünsche.
Ich kann mir aber auch gut vorstellen, daß jetzt all diejenigen widersprechen möchten, die genau das Gegenteil erleben. Diejenigen, die Treue und Zuverlässigkeit bei anderen Menschen erfahren: bei ihrem Ehepartner, bei ihren Verwandten oder Freunden.
Die Frage ist also: Muß das denn zwangsläufig und immer so sein, daß man enttäuscht wird, wenn man sich auf andere verläßt?
Nein, es muß nicht so sein. Vertrauen auf andere Menschen ist nicht von vornherein verderblich oder schlecht. Im Gegenteil. Auch das Alte Testament stimmt darin überein, daß Vertrauen zueinander mit das Kostbarste ist, was sich Menschen überhaupt schenken können. Vertrauen zu-

einander stiftet und bewahrt Freundschaft und Zusammenhalt. Vertrauen zueinander ist die Grundlage jeder Lebensgemeinschaft wie der Ehe. Vertrauen zueinander bewirkt, daß wir uns aufeinander verlassen können.
Aber wir wissen auch: Vertrauen ist offen. Vertrauen macht mich selber verletzlich. Vertrauen schließt das Risiko mit ein, enttäuscht zu werden. Es bleibt immer eine Spur von Unsicherheit. Letzte Sicherheit und Gewißheit kann es offenbar unter Menschen nicht geben. Der Grund dafür ist unser menschliches Herz, das uns Gedanken der Eifersucht, des Zweifels, des Argwohns und Mißtrauens eingibt. Unser Herz, das sehr schnell seine Meinung ändert und hin und her schwankt, das uns oft plötzlich unsere Meinung und unser Verhalten anderen gegenüber ändern läßt.
Vertrauen unter Menschen ist ein Risiko. Es kann gelingen, erwidert werden und glücklich machen. Es kann genausogut enttäuscht werden, mißbraucht werden und unglücklich machen.
Aber – das ist für mich die Frage bei diesem Prophetenwort: Schließt denn Vertrauen unter Menschen das Vertrauen zu Gott aus? Man hat ja beim ersten Hinhören fast den Eindruck, als hieße es da: Vertrau bloß keinem anderen Menschen – du wirst sowieso enttäuscht, vertrau einzig und allein Gott.
Vielleicht verstehen wir den Sinn des Textes besser, wenn wir ein kleines Wörtchen mitdenken: das Wörtchen »nur«.
»Verflucht der Mann, der (nur) auf Menschen vertraut, auf schwaches Fleisch sich stützt, und dessen Herz sich abwendet vom Herrn.«
Ich glaube, das verdeutlicht viel besser, was gemeint ist. Vertrauen zu anderen Menschen zu entwickeln, bedeutet ja nicht zwangsläufig, Gott das Vertrauen zu entziehen. Selbstvertrauen zu entwickeln, bedeutet ja nicht zwangsläufig, Gott nicht mehr zu vertrauen. Vertrauen und Selbstvertrauen sind für unsere persönliche Entwicklung sogar notwendig.

Aber wehe, sagt der Prophet, wenn es *nur* dabei bleibt. Wenn man sich nur noch auf sich selbst verläßt oder nur noch auf die anderen, dann wird man gott-los. Und das führt letztendlich dazu, daß man auch die anderen Menschen loswird, allein ist und vereinsamt.
Es führt ins Unglück, wenn wir Menschen vergöttlichen, wenn wir von Menschen die Sicherheit erwarten, die allein Gott geben kann. Wer auf Menschen vertraut, wer auf sich selbst vertraut – der hat dann ein gesundes Vertrauen entwickelt, wenn er trotzdem weiß, daß er sich auf schwaches Fleisch stützt.
Darum möchte ich zum Schluß noch einmal das Bild des Propheten aufgreifen. Es gibt Pflanzen mit flachen Wurzeln und Pflanzen mit tiefreichenden Wurzeln. Wer nur auf sich selbst vertraut oder auf andere Menschen, dem geht leicht das Wasser aus. Denn Menschen können unbeständig sein wie der Regen, Menschen können wie Brunnen versiegen. Dann stehe ich da wie der Strauch in der Steppe: trostlos, verlassen, frustriert vom Leben, von den Menschen enttäuscht, fallengelassen und vergessen. Ein Bild der Einsamkeit.
Pflanzen dagegen, die ihre Wurzeln tief genug ausstrecken, überleben. Sie erreichen das Grundwasser. Sie stoßen bis in die Tiefe durch, wo der eigentliche Grund unseres Lebens ist, der uns trägt und hält. Für sie ist – bei aller Unbeständigkeit des Lebens – Gott immer da wie das Grundwasser für den Baum: beständig, ausreichend – die ganze Zeit über. Wer sich so tief in Gott verwurzelt, der ist ein Bild für Leben und Kraft. Denn Trost, Kraft und Hoffnung, den Lebenssinn und den Mut, auf andere zuzugehen und zu vertrauen, das holt sich so ein Mensch mit den Wurzeln aus der Tiefe, wo er mit Gott verbunden ist.
Darum ist dieses Wort des Propheten ein Mahnwort, das uns helfen will, glücklich zu leben. Es will uns das Vertrauen in uns und in andere Menschen nicht vermiesen. Es will uns vielmehr auffordern, uns selbst ganz tief in Gott zu

verwurzeln, damit uns die Lebenskraft nicht schwindet. Denn Jeremia weiß gut genug: Wer sich in Gott verwurzelt, dem bleiben Enttäuschungen trotzdem nicht erspart. Aber wer in Gott verwurzelt ist, der kann sie verkraften und trotzdem weiterwachsen.

7. Sonntag im Jahreskreis

Lk 6,27–38

Als Kind habe ich gerne gepuzzelt. Mit Vorliebe große Puzzles mit 500 oder 1000 Teilen. Tagelang, wochenlang konnte ich mich damit beschäftigen. Es hat seine Zeit gedauert, bis überhaupt erst einmal alle Teile umgedreht waren. Manche haben so ausgesehen, daß ich gemeint habe, die gehören gar nicht dazu. Das hat natürlich nicht gestimmt. Dann ist die Phase der Ernüchterung gekommen: Du liebe Zeit, ob ich das je zusammenkriege? Am leichtesten ist es immer gegangen, wenn ich mir zuerst den Rahmen gelegt habe. Damit war schon einmal das Wichtigste geschafft. Langsam habe ich mich dann Stein für Stein vorgearbeitet, bis das Bild irgendwann einmal fertig war.
An diese Zeit denke ich zurück, wenn ich das heutige Evangelium vor mir habe. Das kommt mir nämlich auch so vor wie ein großes Puzzlespiel. Ziemlich verwirrend. Lauter einzelne Teile, lauter einzelne Sätze: Jeder für sich wichtig. Aber noch fehlt der Zusammenhang.
Also, habe ich gedacht, mache ich es wie früher. Ich brauche zuerst einmal den Rahmen. Noch besser einen Eckstein. Den habe ich in einem Satz des Evangeliums gefunden. Eigentlich ist es ja sogar der Grund-satz aller Predigten Jesu:
»Gott ist gütig und barmherzig.« Diesen Grund-satz lege ich als Eckstein in alle vier Ecken meines Puzzles. Der ist so wichtig, daß er den Rahmen für alles weitere absteckt.
Jetzt brauche ich die Seitenteile. Jesus folgert aus diesem Grund-satz nämlich: »Darum sollt auch ihr Gottes Kinder sein und es genauso machen wie er.« Das klingt einleuchtend. Deswegen lege ich aus diesem Satz meinen rechten und linken Rand. Jetzt fehlt mir noch oben und unten.
Ich habe schon: »Gott ist gut und barmherzig, als seine Kin-

der sollen wir es ebenso machen.« – Ja, aber wie geht das? Und da stoße ich auf einen weiteren Satz, der auch die »goldene Regel« genannt wird: »Behandelt die Leute so, wie ihr selber von ihnen behandelt werden wollt.« Eigentlich ganz einfach. Der Rahmen ist abgesteckt. Jetzt geht es darum, diesen Rahmen zu füllen. Und das ist nicht so einfach. Denn nun liegen ja noch massenweise Puzzlesteine herum, die eingebaut werden wollen.

Jesus hat uns genügend Puzzlesteine dagelassen. Da liegen zum Beispiel einige, die zum Lieben auffordern, zum Gutestun, zum Segnen, zum Beten, zum Geben, zum Leihen ohne Hintergedanken, zur Barmherzigkeit, zum Freisprechen. Da sind andere, die uns mahnen, nicht zu richten und nicht zu verurteilen, nicht zurückzuverlangen, die andere Wange auch noch hinzuhalten ...

Damit mag es uns gehen wie bei einem richtigen Puzzlespiel: Wir sehen die einzelnen Teile, wir nehmen sie vielleicht mal in die Hand, schauen sie an, probieren sie aus und legen sie wieder weg. Manche sagen vielleicht: »Das kann unmöglich dazupassen« – und legen es auf die Seite. Sie merken schon: Mit diesem Puzzle geht es um unser Leben. Der Rahmen ist von Jesus abgesteckt worden. Unser Leben ruht auf dem Grund-satz, daß Gott gut zu uns und barmherzig ist. Und unser Leben wird begrenzt durch die Forderung Jesu, daß wir als Gottes Kinder ebenso gut und barmherzig sein sollen, indem wir die anderen so behandeln, wie wir selbst behandelt werden wollen.

Diesen Rahmen unseres Lebens gilt es zu füllen. Die Puzzlesteine dazu werden geprägt. Sie werden geprägt durch die verschiedenen Lebensumstände und die unterschiedlichen Menschen, mit denen wir zu tun haben. Aber wie können wir die in unser Leben einbauen?

Zu jedem Puzzle gibt es eine Vorlage: das Bild, wie es fertig aussehen wird. Für unser Lebenspuzzle haben wir auch eine Vorlage. Wir haben das Vor-bild von Jesus selber. Und mit der Heiligen Schrift als ganzer haben wir genügend Baumaterial. Ich denke, es ist auch hier beim Lebenspuzzle wieder wie beim Puzzlespiel: Damit es etwas wird, muß ich immer wieder auf die Vorlage, auf das Vor-bild schauen und mein eigenes Bild und Leben damit vergleichen. Manchmal muß ich auch korrigieren. Und dann ist es wichtig, immer mit den Steinen anzufangen, von denen ich weiß, wo sie hingehören.

Da habe ich z. B. in diesem Evangelium, aber auch an anderen Stellen der Bibel schon manche Steine gefunden, die ich in mein Leben eingebaut habe. So hat der Satz: »Richtet nicht, damit ihr nicht gerichtet werdet« schon einen Platz in meinem Leben gefunden. Er ist mir wichtig geworden. Mir ist in meiner Arbeit der Satz wichtig geworden, daß Gott gut zu allen ist und seine Liebe in unseren Augen verschwendet. Und darum versuche ich, diesen Grund-satz in mein Leben einzubauen und nicht immer gleich zu rechnen, was ich für dies und jenes wiederbekomme.

Und so gibt es noch manche Steine aus dem Puzzlekasten der Bibel, die mir etwas bedeuten und schon einen Platz in meinem Leben gefunden haben. Und es gibt noch viele andere, die ich nicht verstehe, mit denen ich noch nichts anzufangen weiß. Manche solcher Sätze begegnen mir immer wieder, wie ich einen Puzzlestein immer wieder in die Hand nehme. Aber ich weiß immer noch nicht, wo ich ihn einbauen soll.

Ich denke mir: Du hast ja Zeit. Ich brauche mich nicht aufzuregen, daß erst so wenig von meinem Lebenspuzzle fertig ist. Ich brauche mir keine Sorgen um die Teile zu machen, die ich noch nicht begriffen habe. Viel wichtiger ist, daß ich immer wieder auf das Vor-bild Jesus schaue und versuche, es nachzubilden. Sicherlich wird mein Lebenspuzzle unvollständig bleiben. Aber ich hoffe, daß es mit jedem Stein *Ihm* ähnlicher wird. Ich hoffe, daß man auch aus den Bruchstücken und aus den Löchern erkennen kann, was es sein soll: ein Abbild von Jesus und seinem Leben.

Etwas Ähnliches wie ein Puzzle ist ein Mosaik: ein Bild, das sich aus unzähligen kleinen Steinchen zusammensetzt. In vielen alten Kirchen finden wir heute noch im Chorraum, oben an der Decke, solche großen Christus-Puzzles: das Gesicht Jesu, aus unzähligen kleinen Steinchen zusammengesetzt.

Vielleicht haben schon die ersten Christen etwas davon geahnt, daß unser ganzes Leben ein einziger großer Versuch ist, Jesus und sein Evangelium nachzupuzzeln: Steinchen für Steinchen in unser Leben einzubauen, damit die Menschen durch uns *sein* Gesicht erkennen können.

Und so wie es mit unserem Leben ist, ist es auch mit der Kirche als ganzer: Jeder von uns ist ein kleines Puzzlesteinchen, die zusammen den Leib Christi abbilden: die Kirche.

Ich bin sicher: Je mehr wir selbst Stück für Stück sein Evangelium in unser Leben einbauen, um so mehr werden wir auch unseren eigenen Platz in ihm und der Kirche finden. Dann gilt, was er sich gewünscht hat: Er ist in uns, und wir sind in ihm.

8. Sonntag im Jahreskreis

Sir 27,4–7; Lk 6,39–45

Was wir heute als Wort Gottes in der Lesung und im Evangelium gehört haben, das ist auf den ersten Blick gar nicht so typisch christlich. Diese Sätze könnten auch von jemand anderem gesagt worden sein. Und in der Tat finden sich ähnliche Sätze bei vielen Völkern und vielen anderen Religionen. Es ist gewissermaßen »menschliches Allgemeinwissen«. Aber gerade deshalb ist es gut, daß diese Weisheit Eingang in die Bibel gefunden hat. Denn – so glaube ich – das Reich Gottes kann nicht kommen, wenn wir die wichtigsten Spielregeln menschlichen Zusammenlebens nicht gebührend beachten.

Heute geht es um das Urteilen über andere und um das Urteilen über mich selber.

Jesus Sirach, der alttestamentliche Weisheitslehrer, verwendet das Bild vom Sieb. Normalerweise siebt man Erde, um gute Erde zu bekommen und sie von Abfall zu reinigen. Das Augenmerk liegt auf dem großen Haufen guter Erde, die am Schluß übrigbleibt. Der Abfall im Sieb wird weggeworfen. Er ist unwichtig.

Und er sagt: »Ähnliches gilt vom Nachdenken und vom Urteilen über andere Menschen.« Man kann auch mit seinen Gedanken »Menschen sieben«. Man kann sie so lange sieben, bis man nur noch die Fehler im Sieb hat. Und oft wird genau das gemacht, wenn wir über andere reden. Wir suchen so lange, bis wir einen Fehler entdeckt haben. Und den zeigen wir dann triumphierend überall herum: »Hast du schon gehört ... Weißt du übrigens schon ... Wie findest du denn, daß ...« Uns interessiert nicht der große Haufen an gutem Boden. Uns interessiert das bißchen Schlechtigkeit, das wir finden.

Jesus verwendet das gleiche Beispiel auch einmal, wenn er

den Pharisäern vorwirft, daß sie zwar Mücken aussieben, aber Kamele verschlucken. Hier sagt er es mit dem Bild vom Splitter im Auge. Dafür haben wir oft einen sehr scharfen Blick. Wir suchen – und finden den Splitter im Auge, das Haar in der Suppe. Und dann lassen wir kein gutes Haar am andern. Aber wir übersehen, daß wir selber auch Fehler haben. Wir sieben die anderen durch – und bei uns lassen wir alles beim alten. Wir nehmen die anderen unter die Lupe – und für uns selber sind wir blind.
Dabei läßt sich ein Sieb oder eine Lupe ja auch auf mich anwenden. Ich kann mich selbst einmal kritisch unter die Lupe nehmen. Und darum geht es dem Lehrer Jesus Sirach, und darum geht es Jesus.
Wenn ich schon andere nach so strengen Maßstäben beurteile, dann muß ich diese Maßstäbe auch an mich anlegen. Wenn einer uns in allem kritisiert, fragen wir wohl auch: Und wie sieht es bei dir aus? Hast du all das schon in Ordnung gebracht, was du an mir bemängelst? Der soll erst einmal vor seiner eigenen Tür kehren, sagen wir dann. Wer selbst im Glashaus sitzt, soll nicht mit Steinen werfen. Das sagt gerade der Richtige! – So ist diese Weisheit auch bei uns sprichwörtlich geworden.
Die Frage aber, die eigentlich dahintersteckt, ist die: Will ich grundsätzlich das Gute sehen, oder sehe ich grundsätzlich nur die Fehler und das Schlechte?
Die Ursache liegt in jedem Fall bei mir selbst. Jesus sagt es ganz deutlich:
»Ein guter Mensch bringt Gutes hervor, weil in seinem Herzen Gutes ist. Ein böser Mensch bringt Böses hervor, weil in seinem Herzen Böses ist.« Und entsprechend meiner inneren Einstellung redet auch der Mund davon. Das, was in mir überwiegt, das beeinflußt mein Denken und mein Urteil über andere maßgeblich. Je nachdem werde ich auch bei anderen überwiegend Gutes oder Schlechtes entdecken. Je nachdem werde ich mein Augenmerk auf die gute Erde richten oder auf den Abfall im Sieb. Je nachdem werde ich

die Splitter beim anderen suchen oder seine guten Seiten zur Kenntnis nehmen.
Warum aber erzählt Jesus solche Allerweltsweisheiten? – Ihm geht es darum, daß die, die zu ihm gehören, erst einmal diese grundlegenden menschlichen Regeln beherrschen. Ein Blinder kann keinen Blinden führen. Sie fallen beide in dieselbe Grube. Einer, der für seine eigenen Fehler blind ist, kann keinen anderen erziehen und verbessern oder korrigieren.
»Erst einer, der alles gelernt hat«, sagt Jesus, »wird wie sein Meister sein«. Und zu lernen gilt es, daß ich nicht mit zweierlei Maß messen darf. Daß ich nicht von anderen Dinge verlangen darf, die ich selbst nicht beachte.
Und selbst, wenn einer Meister geworden ist, wenn einer schon sehr vollkommen geworden ist, stellt sich immer noch die Frage nach der Einstellung, mit der er andere beurteilt:

Ob er überheblich wird, pharisäisch und besserwisserisch,
ob er hochmütig wird und stolz auf die anderen herabschaut oder sie gar fertigmacht,
ob er andere in Güte auf ihre Fehler hinweisen kann, sie spüren läßt, daß er sie nicht herabsetzen will, sondern ihnen eine Chance geben möchte, es besser zu machen.

Und schließlich ist da – unausgesprochen – für mich noch die Frage, wie mir wohl zumute wäre, wenn Gott mich so behandeln und beurteilen würde wie ich oft die anderen. Von ihm erwarten wir ja auch, daß er unsere guten Seiten höher bewertet als unsere Fehler.
Es gibt noch viel zu lernen, bis wir Meister geworden sind. Wir brauchen dabei Hilfen. Wir brauchen manches Sieb, um unsere eigene Schlechtigkeit auszusieben und zurückzuhalten. Eine Geschichte der alten Griechen, die ganz auf der Linie der Lesungen heute liegt, könnte uns helfen:

Die drei Siebe

Aufgeregt kam jemand zu Sokrates gelaufen. »Höre, Sokrates, das muß ich dir erzählen, wie dein Freund...«
»Halt ein!« unterbrach ihn der Weise, »hast du das, was du mir sagen willst, durch die drei Siebe geschüttelt?«
»Drei Siebe?« fragte der andere voll Verwunderung.
»Ja, mein Freund, drei Siebe! Laß sehen, ob das, was du mir erzählen willst, durch die drei Siebe hindurchgeht. Das erste Sieb ist die Wahrheit. Hast du alles, was du mir erzählen willst, geprüft, ob es wahr ist?«
»Nein, ich hörte es erzählen, und...«
»So, so. Aber sicher hast du es mit dem zweiten Sieb überprüft, es ist das Sieb der Güte. Ist das, was du mir erzählen willst, wenn schon nicht als wahr erwiesen, wenigstens gut?«
Zögernd sagt der andere: »Nein, das nicht, im Gegenteil.. «
»Dann«, unterbrach ihn der Weise, »laß uns auch das dritte Sieb noch anwenden und laß uns fragen, ob es notwendig ist, mir das zu erzählen, was dich so erregt.«
»Notwendig nun gerade nicht...«
»Also«, lächelte Sokrates, »wenn das, was du mir erzählen willst, weder wahr noch gut noch notwendig ist, so laß es begraben sein und belaste dich und mich nicht damit!«

(Aus: Willi Hoffsümmer, Kurzgeschichten 1, 255 Kurzgeschichten für Gottesdienst, Schule und Gruppe, Mainz [5]1983, S. 86, Nr. 145.)

9. Sonntag im Jahreskreis

Lk 7, 1–10

- Ich kenne einen jungen Mann, bei dem vor ein paar Jahren ein Gehirntumor entdeckt wurde. In Würzburg hieß es: Da besteht keine Hoffnung mehr. Das ist nicht zu operieren. Die Mutter dieses Jugendlichen hat trotzdem die Hoffnung nicht aufgegeben. In Erlangen hat man ihm dann in einer stundenlangen Operation den Tumor entfernt. Heute ist er geheilt und studiert. Ohne den Glauben seiner Mutter wäre er tot.
- Ein anderer junger Mann war nach einem Verkehrsunfall lange im Koma gelegen. Keiner wußte, ob er wieder aufwacht. Seine Schwester glaubte daran. Jeden Tag hatte sie an seinem Bett gesessen, hatte mit ihm geredet, seine Hand gehalten. Ohne ihren Glauben wäre er vielleicht nicht wieder aufgewacht.
- Einmal im Monat knien Jugendliche in der Krypta von Münsterschwarzach bei der Jugendvesper vor dem Allerheiligsten und tragen Jesus ihre Bitten vor: für Menschen in vielfältigster Not und in z. T. unheilbarer Krankheit. Da spüre ich jedesmal, was Fürbitte eigentlich heißt.

In einer ähnlichen Lage befindet sich der römische Hauptmann von Kafarnaum. Sein Diener liegt im Sterben. Er bedeutet ihm viel. Er schätzt ihn sehr. Und darum gibt der Hauptmann nicht auf. Er setzt seine ganze Hoffnung auf Jesus, von dem er gehört hat.

Aber als Römer, als Fremder, als Heide will er Jesus nicht zu nahetreten. Er will sich nicht aufdrängen und ihn nicht belästigen. Wenn es nicht für seinen Diener wäre, sondern für ihn selbst, würde er Jesus vielleicht gar nicht bemühen. Und so bittet er die Ältesten, den jüdischen Pfarrgemeinderat, bei Jesus ein gutes Wort für ihn einzulegen.

Und sie kommen zu Jesus als Fürbitter. Sie sagen: »Erfüll

ihm die Bitte! Denn er liebt unser Volk und hat uns die Synagoge gebaut. Er als Heide hat viel für uns Juden getan – nun kannst du als Jude etwas für einen Heiden tun.«
Jesus läßt sich darauf ein. Und als er mit ihnen in die Nähe des Hauses kommt, schickt der Hauptmann Freunde. Auch sie sollen fürbitten. Sie sagen: »Komm nicht selber!« Der Hauptmann weiß, daß Jesus als Jude unrein würde, wenn er ein heidnisches Haus betritt. »Komm nicht selber! Ich bin es nicht wert, daß du in mein Haus kommst und dich unrein machst. Und ich bin auch nicht wert, daß ich persönlich zu dir komme.«
Diese Bescheidenheit macht ihn für uns noch viel sympathischer. Die Juden haben eine hohe Meinung von ihm: »Er hat es verdient!«
Er selbst hat eine geringe Meinung von sich: »Ich bin nicht würdig!«
Aber Jesus interessiert weder das eine noch das andere, nur das, was der Hauptmann als Begründung ausrichten läßt: »Du brauchst nur ein Wort zu sagen. Denn auch ich muß Befehlen gehorchen, und andere gehorchen ihnen.«
Das interessiert Jesus. Dieser Hauptmann weiß, was Befehl und Gehorsam heißt. Wenn er einen Befehl bekommt, hat er ihn auszuführen. Und wenn er selber Befehle gibt, werden sie ausgeführt. Aber hier, da es um Leben und Tod geht, um Gesundheit und Krankheit, endet seine Befehlsgewalt. Da kann nur ein Vorgesetzter befehlen.
Er glaubt, daß Jesus einer ist, der hier noch Befehlsgewalt hat. Er glaubt, daß Jesus auch über Krankheit und Gesundheit befehlen kann. Darum bittet er ihn. Er kann Jesus nicht befehlen oder kommandieren. Er kann ihn nur vertrauensvoll bitten – auch auf die Gefahr hin, daß seine Bitte abgelehnt wird.
Und er sagt: »Ich glaube, daß du diese Kraft hast. So, wie ein Wort von mir genügt, daß mein Diener spurt – so genügt ein Wort von dir, daß die Krankheit verschwindet und mein Diener wieder gesund wird.«

Das ist wirklich ein unbekümmerter Glaube, ein fast kindliches Vertrauen. Darüber ist Jesus zu Recht erstaunt. So etwas hat er in ganz Israel noch nicht erlebt. Da bringt ihm einer bedingungsloses Vertrauen entgegen, obwohl er ihn nur vom Hörensagen kennt. Und solchen Glauben belohnt Jesus.
Wir fragen jetzt vielleicht: Warum heilt Jesus hier? Und warum heilt er in so vielen anderen Fällen – auch heute – nicht? Wie muß man sich verhalten, um gehört oder geheilt zu werden?

- Die Schriftgelehrten sagen: »Er hat es verdient.« Sie sehen seine Außenseite: seine Sympathie zu ihrer Religion und die Synagoge, die er gebaut hat. Aber kann man überhaupt in so einem Fall von einem Menschen sagen, der hat es verdient und der hat es nicht verdient?
- Man kann sich Gottes Gnade nicht verdienen. Gott schuldet sie niemandem.
- Er selber sagt von sich: »Ich bin nicht würdig. Ich hab's nicht verdient.« Er sieht sein eigenes Inneres. Möglicherweise hatte er – wie viele höhere römische Offiziere – mit diesem Diener ein homosexuelles Verhältnis.

Jesus schaut weder auf das eine noch auf das andere. Seine Zuwendung, seine Gnade kann man sich weder verdienen noch verscherzen. Jesus sieht den Kern. Er sieht den Glauben und das Vertrauen. Er heilt den Diener, weil der Hauptmann solche Glaubenskraft hat – und weil er Jesus die Freiheit läßt. Allein dieser Glaube zählt – und die Bereitschaft, jede Antwort auf die Bitte hinzunehmen.
Solche Wunder können geschehen, wenn der Glaube da ist – auch heute. Aber wenn solche Wunder nicht geschehen, heißt das nicht, daß da kein Glaube ist. Egal, ob sie geschehen oder nicht – wir müssen uns davor hüten, zu sagen: Da hat es jemand verdient oder jemand nicht verdient.
Ob Wunder geschehen oder nicht: Es geht darum, mit aller Kraft an die Macht Jesu zu glauben und ihm dennoch alle Freiheit zu lassen und zu sagen: Dein Wille geschehe.

10. Sonntag im Jahreskreis

1 Kön 17,17–24; Lk 7,11–17

Die Lesung und das Evangelium gleichen sich fast wie ein Ei dem andern. Beide Male geht es um eine Witwe, deren einziger Sohn stirbt. Beide Male bekommt die Mutter ihren Sohn wieder zurück, und zwar durch die Hilfe eines Menschen: durch den »Gottesmann«, den Propheten Elija bzw. durch Jesus.

In vielen anderen Fällen, wenn von außergewöhnlichen Heilungen oder Wundern in der Bibel die Rede ist, fehlt uns die Erfahrung. Aber hier, da es um den Tod eines geliebten Menschen geht, sind wir mitbetroffen. Da können wir uns hineinversetzen. Da fühlen wir selbst mit. Da drängen sich uns heute noch dieselben Fragen auf, die auch den beiden Witwen durch den Kopf und durchs Herz gegangen sind.

»Was habe ich denn verbrochen, daß Gott mich so straft?« fragt die Witwe den Elija. »Womit habe ich das verdient?« Sie meint, so etwas Schlimmes kann nur die Strafe für eigenes Versagen sein. Und weil sie sich keiner Schuld bewußt ist, klagt sie Elija an – und damit letztlich Gott.

Dahinter stehen aber auch noch andere Fragen, wie sie bis heute zu hören sind: »Für wen soll ich denn jetzt noch leben? Wer braucht mich denn noch? Was soll ich denn jetzt noch auf dieser Welt? Warum läßt Gott die Jungen sterben, und die Alten müssen dableiben?«

Man muß sich einmal klarmachen, in welcher Lage diese beiden Frauen waren: Sie hatten schon ihren Mann verloren. Und ohne Mann war eine Frau rechtlos und auch wertlos. Es gab niemanden, der sie rechtlich schützte und verteidigte. Es gab niemanden, der für sie sorgte. Eine Witwe war ganz unten auf der Stufenleiter der Gesellschaft. Ihre einzige Hoffnung war ihr Sohn. Wenn der erwachsen ist, dann wird sie wieder einen männlichen Schutz haben. Aber wenn dieser einzige Sohn vor der Mutter stirbt, ist alles aus. Dann kann sie diese Hoffnung begraben. Ihre Lebensversicherung, ihre Rente, ihre Altersversorgung kann sie begraben. Sein Tod ist auch ihr Tod: Gesellschaftlich ist sie ein Nichts, wirtschaftlich lebt sie am Existenzminium, rechtlich hat sie keine Chancen. Sie hat ihren Mann schon begraben müssen. Nun muß sie mit ihrem einzigen Sohn ihre letzte Hoffnung und ihre Zukunft begraben. Ihr Leben hat keinen Sinn mehr.

Beide Male wird der Sohn wieder lebendig gemacht. Beide Male bekommt sie mit ihm all das zurück: Hoffnung, Lebensmut, neuen Sinn.

In beiden Schilderungen geht es nicht um den gestorbenen Sohn. Der hat ja alles hinter sich, alles Leid, alles Schwere, alle Krankheit. Der war ja am Ziel. Nicht mit ihm hat Elija Mitleid. Nicht um den Sohn geht es Jesus. Es geht um die Mutter. Wegen der Frau bestürmt Elija den Himmel. Wegen der Frau stoppt Jesus den Leichenzug. Wegen ihr sagt er dem jungen Mann: »Steh auf, deine Mutter braucht dich.« Und beide Male heißt es wörtlich gleich: »Er gab ihn seiner Mutter zurück.«

Bei aller Ähnlichkeit gibt es aber auch einen großen Unterschied zwischen beiden Ereignissen.

Zur Zeit des Elija spielt sich das alles im verborgenen ab, *im Haus* der Witwe. Es betrifft nur sie. Die Zeit ist noch nicht reif für die Masse. Zur Zeit Jesu spielt sich das Ganze in der Öffentlichkeit ab, *auf der Straße.* Die Zeit ist reif. Das ganze Volk soll jetzt erkennen, wie Gott ist. Elija war nur Mittelsmann. Er mußte Gott bitten und mit aller Kraft beten. Jesus hat die gleiche Vollmacht wie Gott. Er kann sagen: »Ich befehle dir, junger Mann, steh auf ...«

Und die Leute erkennen und glauben: »In Jesus wirkt Gott.« Und sie sagen: »Gott hat sich *seines Volkes* angenommen.« Sie spüren, daß das hier kein Einzelfall ist, sondern daß das alle betrifft.

Dann geht es auch uns heutige Menschen noch an. Und ich bin überzeugt, es gibt dreierlei, was für uns wichtig ist:

1. Glaube braucht Erfahrung. Die Erzählung aus dem Alten Testament ist Ihnen sicher bekannt. Aber erst durch die eigene Erfahrung können Sie sagen: Ja, das stimmt! Gott ist wirklich so.
2. Sie haben erfahren, daß der Glaube an Gott mit Sinnerfahrung zu tun hat. Wer nicht weiß, wozu er auf dieser Welt sein soll, der kann auch nicht glauben, daß Gott ihn hier haben will. Und ein Lebenssinn, ein Lebensinhalt kann Menschen auf vielfältige Weise verlorengehen: Manche verlieren durch den Tod ihr ein und alles: Mann, Frau oder Kind. Andere verlieren durch Scheidung, Trennung oder durch einen Umzug Menschen, die bisher ihrem Leben Sinn und Inhalt gegeben haben. Andere werden arbeitslos und verlieren dadurch den Sinn und die Zukunft.
3. Die beiden Erzählungen sagen: Gott ist imstande, einem Menschen wieder Lebensinhalt und Sinn zu geben. Aber dazu braucht er andere Menschen. Er braucht Menschen, die wie Elija den Himmel bestürmen und den Mut nicht sinken lassen. Er braucht Menschen, die wie Jesus das Leid und die Not anderer wahrnehmen und sich davon berühren lassen, die mitleiden und beistehen.

Ich habe eine Woche hinter mir, in der mir mehr als sonst Menschen ihre Nöte anvertraut haben. Ich kann nicht wie Jesus sagen: Ich befehle dir: Werde gesund! Ich befehle dir: Hör damit auf und fang damit an! Ich konnte nur mit den Leuten und für die Leute beten. Ich konnte mich hinsetzen und zuhören. Ich konnte ein bißchen Mut machen. Andere brauchen einen kräftigen Schubs – und da muß ich befehlen. Für jeden sieht es anders aus. Aber vielleicht gelingt es mir ab und zu, einem Menschen wieder etwas Sinn und Hoffnung zu geben – und vielleicht gelingt es diesem Menschen dann, voll Glauben zu sagen: Da sieht man, daß Gott am Werk ist und sich seines Volkes annimmt.

11. Sonntag im Jahreskreis

Lk 7, 36–50

Im Kindergottesdienst-Team haben wir uns überlegt: Wo finden wir heute noch solche spontanen und wortlosen Zeichen der Bitte um »Wiedergutmachung«? Das Ergebnis war: eigentlich nur noch bei Kindern. Wenn Kinder etwas angestellt haben, und es tut ihnen leid, dann kommen sie auf ähnliche Art, wie hier die Frau zu Jesus kommt. Die Kinder kommen mit einem selbstgemalten Bild, mit einem kleinen Blumenstrauß, mit etwas Gebasteltem oder mit einer freiwilligen kleinen Hilfe. Wortlose Zeichen, die bitten: Laß uns wieder gut sein! Ich möchte wieder gut sein.
Was wäre wohl mit einem Kind, wenn es in so einem Moment von den Eltern zurückgestoßen würde? Wenn man sagen würde: »Davon hab ich jetzt auch nichts. Davon wird das auch nicht wieder in Ordnung.« Wenn man das Bild zerreißt, die Blumen oder das Gebastelte wegwirft oder die Hilfe ablehnt? Das Kind wäre viel tiefer verletzt, als es uns verletzt hätte. Es nähme viel größeren Schaden als der, den es uns zugefügt hat. Es würde das Vertrauen verlieren.
Wir haben weiter festgestellt: Schon unter Geschwistern funktioniert das nicht mehr. Erst recht nicht bei Erwachsenen. Auch nicht bei guten Freunden, auch nicht bei Ehepartnern. Man kann nicht mehr so unbefangen zum anderen und – womöglich noch wortlos – bitten: Laß uns wieder gut sein! Wir warten lieber ab: Ist der andere noch eingeschnappt? Irgendwann redet man dann wieder miteinander – aber nicht mehr über den Streit oder das, was man einander zugefügt hat. Gelegentlich findet man zwar noch solche wortlosen Zeichen der Versöhnung: den mitgebrachten Blumenstrauß für die Frau, die Leibspeise am Abend für den Mann. Aber trotzdem bleibt immer noch ein Rest, der nicht aufgeht. Woran liegt das?

Warum können wir unseren Kindern so spontan alles vergeben, wenn sie uns auf ihre kindliche Art darum bitten? Und warum können wir einander nicht mehr so unbefangen vergeben?
Ich denke, wir können es bei unseren Kindern, weil es *unsere* Kinder sind. Weil wir genau wissen, daß sie ja nicht von selbst wiedergutmachen können, was sie angestellt haben. Und darum drücken wir beide Augen zu und drücken unsere Kinder.
Untereinander geht es – leider – nicht mehr. Denn untereinander verhalten wir uns meistens so, wie Geschwister zueinander sind. Und wer mehrere Kinder hat, der weiß, daß Geschwister untereinander nie die ganze Schuld zugeben. Einen Teil vielleicht. Aber dann deutet man auf die anderen und sagt: »Aber der hat das gemacht und die hat auch nicht gefolgt, und immer werde ich benachteiligt.« Genauso machen es wir Erwachsenen. Wir machen uns gegenseitig verantwortlich für Böses, wir können keine Alleinschuld mehr zugeben.
Ähnlich scheint es mir im heutigen Evangelium zuzugehen. Die Frau und Simon sind wie zwei Geschwister, die um die Gunst ihrer Eltern wetteifern. Simon lädt Jesus zum Essen ein, um sich damit wieder einen Pluspunkt auf dem Konto seiner guten Taten zu ergattern. Die Frau kommt dazu – sie weiß genau, daß sie keinerlei Pluspunke vorzuweisen hat. Sie macht es wie ein Kind. Sie geht zu Jesus hin, ohne Worte, weint ihm die Füße naß, trocknet sie mit ihren Haaren ab und salbt sie.
Beide versuchen auf ihre Art, Jesus eine Antwort auf die Frage zu entlocken: Bist du mir gut? Wie stehen wir zueinander?
Bei Simon beginnt schon die Rivalität, die Eifersucht. »Wenn Jesus wüßte, was das für eine ist ...« Aber petzen will er doch nicht.
Beide sind wie Kinder. Und für beide nimmt Jesus hier die Elternrolle ein. Beide wollen wissen: Wie lieb hat er mich?

Beide erwarten Unterschiedliches. Simon will gelobt werden für seine guten Taten. Die Frau will, daß Jesus zu ihr sagt: Ja, es ist alles wieder gut.
Jesus errät ihre Gedanken. Und weil er hier gewissermaßen die Elternrolle einnimmt, hat er einen anderen Blickwinkel als die beiden. So wie Eltern in bezug auf ihre Kinder einen anderen Blickwinkel haben als die Kinder untereinander. Das macht er mit der kleinen Geschichte vom Geldverleiher deutlich, der allen beiden die Schuld vergibt.
Damit zeigt er dem Simon: Du denkst, Gott liebt dich nur, weil du so viel Gutes tust und nur wenig Schulden bei ihm hast. Und deshalb schaust du auch auf alle anderen herab, die nicht soviel vorzuweisen haben wie du. Aber es ist genau umgekehrt. Du bist Gottes Kind. Und die Frau ist Gottes Kind. Darum liebt er dich und sie. Und wenn du etwas falsch gemacht hast, vergibt er dir genauso, wie er der Frau vergibt. Der Unterschied zwischen euch beiden ist nur der: Sie freut sich darüber und liebt Gott jetzt noch viel mehr. Du kannst dich noch nicht so freuen. Aber wenn es dir gelingt, dann wirst du auch diese Frau als deine Schwester akzeptieren können, weil sie genauso Gottes Kind ist wie du.
Damit kehrt Jesus die Blickrichtung um. Er fordert Simon auf, sich und die Frau nicht als Rivalen zu sehen, die mit guten Werken um Gottes Liebe eifern müssen und sie sich durch Schlechtigkeit verscherzen. Er fordert Simon auf, sich und die Frau mal aus der Perspektive Gottes zu sehen. Dann würde es ihm gelingen, Gott zu lieben und seine Mitmenschen ebenso – weil sie alle Kinder desselben Gottes sind.
Gehen wir noch einmal zu unseren Kindern zurück. Normalerweise werden Eltern mit mehreren Kindern alle liebhaben und darauf achten, daß jedes Kind spürt, daß es geliebt wird. Aber für jedes Kind braucht es andere Formen von Zärtlichkeit und Zuneigung. Die Kinder untereinander zeigen oft Eifersucht. Steckt dahinter vielleicht die Angst, wenn sie die Liebe der Eltern teilen müssen, könnte einer

zu kurz kommen? Es ist oft nicht leicht, Kinder erfahren zu lassen, daß die Liebe und Zuneigung nicht weniger wird, auch wenn sie für mehrere gilt.
Genauso schwer fällt es uns zu glauben, daß wir bei Gottes Liebe nicht zu kurz kommen. Daß wir nicht rivalisieren müssen. Daß wir uns nicht selber erhöhen und uns nicht gegenseitig herabsetzen müssen. Denn Gott hat einen anderen Blickwinkel. Er sieht uns alle als seine Kinder. Und wie Eltern ihren Kindern spontan und herzlich verzeihen, wenn sie ehrlich darum bitten, so vergibt auch er uns genauso herzlich und spontan.
Die Frau hatte diesen Blickwinkel und diesen Glauben. Darum konnte Jesus zu ihr sagen: »Dein Glaube hat dir geholfen. Geh in Frieden!« Weil sie diesen Glauben hatte, konnte sie aufatmen und hat gespürt: Gott ist wirklich wie ein Vater zu mir. Und er sagt zu mir: »Ja, es ist alles wieder gut.«

12. Sonntag im Jahreskreis

Lk 9, 18–24

Wir feiern heute Pfarrfest. Wir feiern, daß wir Pfarrei sind. Eine Pfarrei ist ja zunächst etwas ganz Zufälliges. Ein Gebilde auf der Landkarte der Diözese, im Lauf vieler Jahrhunderte entstanden, genau umgrenzt, in Karteien erfaßt. Da leben Menschen, die sich gegenseitig nicht ausgesucht haben. Was uns verbindet, was Pfarrei ausmacht, das ist: Wir alle wollen Jünger Jesu sein. Wir alle sind dadurch verbunden, daß wir zu Jesus gehören wollen. Deswegen gehören zu dieser Pfarrei alle, die getauft sind. Mit ihnen allen hat Gott eine Geschichte vor oder auch schon Geschichte gemacht.
Viele der Getauften wissen das nicht. Viele der Menschen, die in dieser Pfarrei leben, sind getauft – und wissen gar nicht, was das bedeutet. Viele heißen Christen – und wissen gar nicht, was es heißt, diesen Namen zu tragen.
Im heutigen Evangelium gibt uns Lukas gewissermaßen ein Musterbeispiel dafür, wie das geht: Jünger Jesu zu werden.
Was gilt für jemand, der Jesu Jünger sein will?
Da fragt Jesus als erstes: »Für wen haltet ihr mich?« Das muß erst einmal klar sein: Welche Rolle spielt Jesus für mich? Wie wichtig ist er mir? Hat er für mich eine Bedeutung – oder ist er bedeutungslos? Ich muß wissen, auf wen ich mich da einlasse, zu wem ich gehören will.
Diese Frage kann man, glaube ich, gar nicht wichtig genug sehen. Es ist eine Frage, die sich immer wieder stellt. Schon wenn Eltern ihr Kind zur Taufe bringen, werden sie gefragt: »Was wollt ihr hier? Was wollt ihr von diesem Jesus?« Wenn Leute kirchlich heiraten, werden sie gefragt: Was wollt ihr da? Und auch sonst – auch jetzt bei diesem Gottesdienst – steht die Frage da: Was will ich hier? Was erwarte ich mir von Jesus? Warum bin ich da?
Für wen haltet ihr mich? Wer bin ich für dich?

Und dann sagt Jesus, wie er sich selber sieht, wer er ist. »Der Menschensohn«, sagt er, »muß vieles erleiden und von den Ältesten, den Hohenpriestern und Schriftgelehrten verworfen werden; er wird getötet werden, aber am dritten Tag wird er auferstehen.«

Er kehrt nicht heraus, daß er Gottes Sohn ist, sondern der Menschensohn. Daß es ihm nicht darauf ankommt, es allen recht zu machen sondern Gottes Willen zu tun.

Daß er sich festnageln läßt auf sein Wort.

Daß er Konflikten nicht ausweicht, sondern sich ihnen stellt.

Daß er nicht die eigene Haut retten will, sondern sie zu Markte trägt.

Daß er, der die Menschen zutiefst versteht, der ist, der nicht verstanden wird.

Und daß er der ist, der nicht totzukriegen ist.

So sieht Jesus sich. Und nun kommt der Auftrag an die Jünger. Wer mich so als Messias erkennt und anerkennt, wer zu mir gehören will – für den gilt das gleiche.

Das, was er jetzt sagt, ist eigentlich nur verständlich aus einer ganz tiefen Gottesbeziehung heraus.

»Wer mein Jünger sein will, der soll sich selbst verleugnen.«

Wir machen ja die Erfahrung, daß wir zwar oft das Gute wollen, aber dann doch das Böse tun. Verleugnen heißt nicht leugnen, heißt nicht verharmlosen, nicht verdrängen, nicht wahrhaben wollen. Es heißt vielmehr: Ich muß es ins Auge fassen, ich muß mir selber und Gott eingestehen, daß auch das Böse, was ich tue oder tun will, zu mir gehört.

Wenn mich jemand ärgert, dann möchte ich manchmal am liebsten zurückschlagen, ihm die Meinung sagen, ihn fertigmachen ... Ich will das.

Aber ich soll auch überlegen: Was will Gott von mir? Was würde Jesus an meiner Stelle tun? Wenn ich dann tue, was Jesus an meiner Stelle tun würde, dann habe ich mich selbst verleugnet und zugleich selbst verwirklicht. Ich bin ein Stück mehr sein Jünger geworden.

»Wer mein Jünger sein will, der soll sein Kreuz auf sich nehmen.«
Davon kann jeder von uns ein Lied singen. Jeder hat seinen Schatten, über den er nicht springen kann. Jeder steckt in seiner Haut, aus der er nicht herauskann. Jeder schleppt mindestens ein Kreuz mit sich herum. Die Frage ist, ob wir das als Zumutung sehen, die das Leben an uns stellt – oder ob wir glauben, daß das kein blinder Zufall ist, sondern von Gott kommt. Und wenn es von Gott kommt, dann führt es nicht zum endgültigen Aus, sondern zum Leben. Manchmal müssen wir unser Kreuz tragen, ohne zu wissen, warum und wozu das gut sein soll – nur im Glauben, daß mir das zum Guten dienen kann, weil es von Gott kommt. Das ist schwer. Aber ich kenne auch Leute, die Krankheit, Familienschicksal, Leid nur in diesem Glauben tragen und ertragen können.
Wer mein Jünger sein will, der folge mir nach, der trete in meine Fußstapfen. Wir kennen die Redensart »mitgegangen, mitgefangen, mitgehangen«.
Vor solchen Konsequenzen fürchten wir uns oft. Da geht es uns nicht anders als den Jüngern.
Vielleicht heißt nachfolgen heute für den einen: da Farbe bekennen, wo sein Christsein angefragt ist. Nicht alles mitmachen, nur damit ich selber in Ruhe gelassen werde. Nicht über jeden Witz mitlachen. Nicht in das Gerede über andere Leute miteinstimmen. Jeder Tag hat viele Möglichkeiten, um Nachfolge ganz konkret werden zu lassen.
Vielleicht haben wir oft Angst davor, weil wir fürchten, von anderen isoliert zu werden und allein dazustehen.
Aber hier heißt es ja: Wer mein Jünger sein will, der soll das tun. Wem es wichtig ist, daß er zu mir gehört, sagt Jesus, von dem verlange ich das. Billiger geht es nicht.
Jünger sein – das kann manchmal bedeuten: Abstand nehmen von lieben Gewohnheiten oder auch von Menschen. Das kann bedeuten, daß ich anders bin als die anderen.
Und genau das meint das Wort »Kirche«. Auf deutsch heißt

es »die Herausgerufenen«. Es meint die, die Jesus aus der Masse herausgerufen hat, die seine Jünger sein wollen, die darum anders sind als die übrigen.
Ich denke, für uns als Pfarrei, als Gemeinde, als Kirche in den verschiedenen Dörfern ist das sehr wichtig zu wissen. Wir sollen anders sein als die, die nicht zu Jesus gehören. Bei uns soll es nicht so zugehen wie überall. Denn uns verbindet die Zugehörigkeit zu Jesus. Das soll unseren Umgangsstil prägen, und das soll uns unterscheiden von anderen Vereinen und Parteien und Gruppen.
Uns soll es nicht darum gehen, die eigene Haut zu retten. Das tun die meisten. Wer nur versucht, die eigene Haut zu retten, sein eigenes Leben nur zu bereichern, zu verschönern, zu verlängern ..., der wird verlieren, der wird sich verzetteln und aufreiben und erdrückt werden von den Sorgen. Aber wer davon Abstand nehmen kann, wer dieses Leben immer wieder hergeben kann, portionsweise, wie man von einem Brot eine Scheibe nach der anderen abschneidet – der wird gewinnen.
Wer sein Leben in den Dienst Jesu stellt, der wird gewinnen.
Wenn wir dieses Bewußtsein mitbringen, daß wir Gemeinde sein wollen; wenn uns die Tatsache verbindet, daß wir zu Jesus gehören wollen, dann sind wir auf dem richtigen Weg.
Wer erkennt, wer Jesus ist und wer sein Jünger sein will, der ist tatsächlich herausgerufen und herausgefordert, immer wieder den eigenen inneren Schweinehund zu überwinden und nach Gottes Willen zu fragen,
herausgefordert, das eigene Leben mit allem was es bringt, als Aufgabe anzunehmen, die Gott mir stellt,
herausgefordert, diesen Weg mit Jesus konsequent zu gehen, um das Leben zu gewinnen.

13. Sonntag im Jahreskreis

Gal 5, 1.13–18

Freiheit ist sicher eines der Schlagworte unserer Zeit. Überall taucht es auf. In der Tat: Wir haben viele Freiheiten: Reisefreiheit, Pressefreiheit, Meinungs-, Versammlungs-, Religionsfreiheit. Wir haben die Freiheit, die Schule, den Beruf, den Wohnort zu wählen, wir können kaufen, was wir wollen, die Freizeit gestalten, wie wir möchten. Verankert sind diese Freiheiten in den Menschenrechten und in unserem Grundgesetz.

Wir können stolz und froh sein, daß es bei uns so ist. Aber trotzdem gibt es auch bei uns Unfreiheit und Zwang. Sobald man sich nämlich für eine Sache und gegen andere entschieden hat, beginnt oft wieder die Unfreiheit:

- Ich kann meinen Beruf frei wählen – aber dann unterwerfe ich mich den Regeln und Normen der Firma.
- Ich kann jeder beliebigen Partei beitreten – aber dann muß ich deren Statuten befolgen.
- Ich kann jeder beliebigen Religion angehören, ohne verfolgt zu werden; aber dann muß ich auch deren Gebote und Verbote befolgen.

Natürlich hat jede Gemeinschaft das Recht, Regeln aufzustellen. Aber es ist schon paradox: Gerade die staatliche garantierte Freiheit ermöglicht es, innerhalb der großen Freiheit wieder kleine Systeme zu bilden, in denen der Mensch nicht mehr frei ist. Was mich dabei am meisten beunruhigt, ist die Tatsache, daß die Kirche da nicht anders ist.

»Damit wir frei sind, hat uns Christus befreit. Bleibt also fest, und laßt euch nicht wieder das Joch der Knechtschaft auferlegen. Ihr seid zur Freiheit berufen«, schreibt Paulus an seine Galater.

Die Galater wußten, worauf Paulus anspielte. Die Mehrzahl von ihnen war vor ihrer Bekehrung zu Jesus Juden gewesen.

Als Juden standen sie unter dem Gesetz. Damals bestand das jüdische Gesetz aus einem ganzen System von Regeln und Vorschriften. Zur Zeit Jesu gab es 248 Gebote und 365 Verbote. Aus den Zehn Geboten war eine umfangreiche Gesetzessammlung geworden. Alle nur erdenklichen Möglichkeiten menschlichen Verhaltens wurden darin bedacht und behandelt. Es war schon für einen Schriftgelehrten schwierig, sich in diesem Gesetz auszukennen, für einen Normaljuden war es so gut wie unmöglich.

Jesus hat von diesem Gesetz befreit, und zwar auf doppelte Weise:

- Er hat es auf seinen eigentlichen Inhalt zurückgeführt: die Gottes- und Nächstenliebe.
- Er hat es – auf vollkommene Weise – erfüllt.

Wenn man also lebt wie Jesus, dann braucht man das ganze komplizierte Gesetz nicht mehr. Man erfüllt es auch so.

Wie kam es aber, daß aus den einfachen Zehn Geboten ein so kompliziertes System von Gesetzen und Regeln wurde? Wie kam es, daß es im kirchlichen Gesetzbuch von heute 1752 Canones gibt? Soweit ich dem Neuen Testament entnehmen kann, hat Jesus nur drei Gebote verkündet, die alle innerlich zusammenhängen:

- die Goldene Regel: »Alles, was ihr von anderen erwartet, das tut auch ihnen. Darin besteht das ganze Gesetz und die Propheten.«
- das Hauptgebot der Gottes- und Nächstenliebe: »Du sollst den Herrn, deinen Gott, lieben aus ganzem Herzen, mit ganzer Seele und mit ganzer Kraft. Und deinen Nächsten sollst du lieben wie dich selbst. Kein anderes Gebot ist größer als diese beiden.«
- das Liebesgebot: »Dies ist mein Gebot: Liebt einander.«

Noch einmal: Wieso wurden aus diesen einfachen Geboten so viele, komplizierte und oft unbegreifliche Gesetze?

Ich glaube, der Grund liegt in der Angst des Menschen vor der wirklichen Freiheit und vor der Verantwortung, für sein Handeln die Konsequenzen zu übernehmen.

Es ist viel einfacher, wenn es für alles und jedes ein Gesetz gibt: Mein eigenes Nachdenken wird unnötig. Ich brauche mein Gewissen nicht zu befragen und zu prüfen, denn es ist ja längst alles klar und entschieden. Der einzige Nachteil: Ich brauche Experten, die mir sagen, was ich zu tun und zu lassen habe, weil sie sich im Gesetz auskennen.
Anscheinend hat der Mensch ein großes Bedürfnis danach, daß ihm jemand sagt, was er zu tun hat. Er braucht nicht lange zu überlegen, wie er entscheiden soll. Er braucht keine Verantwortung für sein Handeln zu übernehmen – das nimmt einem der Gesetzgeber ab.
Die Kirche war und ist da – leider – keine Ausnahme. Und darunter leiden wir heute, weil es viele Menschen noch gar nicht gewohnt sind, selber zu denken und zu entscheiden, mündig zu sein. Es ist doch so viel bequemer, wenn einem die Kirche sagt, was erlaubt und was verboten ist.
Aber hören wir noch einmal diese Mahnung des Apostels Paulus: »Damit wir frei sind, hat uns Christus befreit. Bleibt also fest und laßt euch nicht wieder das Joch der Knechtschaft auferlegen. Ihr seid zur Freiheit berufen!«
Das jüdische Gesetz war der Versuch, den Menschen dadurch zum Heil zu führen, daß man ihm die Freiheit immer mehr beschnitt und alle erdenklichen Fälle konstruierte, wie man sich wann und wo verhalten mußte. Dieser Versuch ist gescheitert. Mit diesem Gesetz hat Jesus Schluß gemacht. Er hat uns Menschen die Freiheit zurückgegeben, die Freiheit der Kinder Gottes. Und er traut uns zu, daß wir diese Freiheit auch leben können.
Gewiß ist die Versuchung groß, in den alten Fehler zurückzufallen – wie es die Juden in Galatien versucht haben – und neue Gesetze aufzustellen, neue Paragraphen ins Kirchenrecht zu schreiben, neue Katechismen zu verfassen, in denen alle möglichen Sünden und Sündenstrafen genau aufgelistet sind.
Die Frage ist, was wir lieber wollen: Freiheit, die auch unbequem sein kann und uns einiges abverlangt an persönli-

cher Entscheidung vor Gott – oder Unfreiheit durch das Gesetz, was bequem ist, weil es uns letztlich alle Entscheidungen abnimmt.

Paulus verweist zu Recht auf das Gebot der Nächstenliebe, das die Norm bleiben muß. Sonst besteht die Gefahr, daß Freiheit einfach dahin mißverstanden wird, daß jeder tun und lassen kann, was er will; daß Freiheit keine Grenzen mehr kennt – auch nicht die Freiheit des anderen. Vielleicht liegt hier der Grund, daß heute in der Kirche so viel auf gesetzlichem Weg geregelt wird. Wir leben in der Spannung, daß die einen sagen: Die Kirche muß endlich wieder klipp und klar sagen, was Sünde ist und was man tun darf und nicht tun darf. Und die anderen sagen: Wir lassen uns überhaupt nichts vorschreiben und tun, was wir wollen.

Beidem fehlt etwas Entscheidendes: die Liebe. Stures Befolgen von Gesetzen ist lieblos. Einfach tun, was ich will, ist genauso lieblos. Das eine versklavt mich an eine höhere Macht. Das andere versklavt mich an meinen Egoismus. Beides macht unfrei.

Die Liebe zu Gott und zum Nächsten dagegen läßt mich erkennen, was richtig und gut ist. Aber das verlangt eben einiges von mir: Ich muß mein Gewissen bilden und schärfen. Das kann ich, indem ich die Heilige Schrift lese, an Jesus Maß nehme und ihm nachfolge. Wenn ich diesen Weg einschlage, werde ich mich nicht mehr so leicht versklaven lassen – weder von Gesetzen, deren Sinn ich nicht einsehe, noch von anderen Menschen. Ich frage nicht mehr: Was denken denn die anderen, was tut die Masse, was ist in, was ist out? Sondern ich frage: Was würde Jesus jetzt an meiner Stelle tun? – Und das tue ich, ob es dafür ein Gesetz gibt oder nicht, ob es der Masse paßt oder nicht.

Das meint: leben, wie es dem Geist entspricht: dem Geist der Gottes- und der Nächstenliebe. Das meint: leben in Freiheit und nicht mehr unter dem Gesetz.

Der heilige Augustinus hat es einmal ganz knapp auf die Formel gebracht: *Liebe – und dann tu, was du willst.*

14. Sonntag im Jahreskreis

Lk 10, 1–9 (Kurzfassung)

Es gibt eine Stelle in diesem Evangelium, die mich jedesmal neu fasziniert. Es sind die Sätze, die Jesus über den Frieden sagt.

»Wenn ihr in ein Haus kommt, so sagt als erstes: Friede diesem Haus! Und wenn dort ein Mann des Friedens wohnt, wird der Friede, den ihr ihm wünscht, auf ihm ruhen; andernfalls wird er zu euch zurückkehren.« Diese wenigen Worte haben einen solchen Tiefgang, daß es sich lohnt, einmal darüber nachzudenken.

1. Jesus geht zunächst stillschweigend davon aus, daß seine Jünger selbst schon Frauen und Männer des Friedens sind. Sie tragen den Frieden in sich. Und Jesus meint damit nicht nur, daß es halt friedliche Leute sind, die keinen Streit anfangen. Mit Frieden meint er: *Shalom. Shalom* ist Frieden rundum. Innen und außen. Von *Shalom* muß man sich durchdringen lassen wie ein Schwamm vom Wasser. *Shalom* meint Frieden mit mir selber: Ich habe gelernt, mich so anzunehmen, wie ich bin. *Shalom* meint Frieden mit den anderen: Ich habe gelernt, sie als meine Schwestern und Brüder anzuerkennen, weil sie genauso von Gott geliebt sind wie ich. *Shalom* meint schließlich auch Frieden mit Gott. Ich habe gelernt, daß Gott es gut mit mir meint, daß er mir immer wieder vergibt, daß er mir das Leben gönnt und mich gern hat. Jesus geht davon aus, daß die Jünger nun lang genug bei ihm in die Lehre gegangen sind. Sie waren Tag und Nacht mit ihm zusammen. Sie haben von ihm nichts anderes gehört, gesehen und erfahren als *Shalom.* Sie sind nun durchdrungen davon, sie sind selber Friedensleute.
2. Jesus geht weiter davon aus, daß sich *Shalom* weiterschenken läßt. »Wenn dort ein Mensch des Friedens

wohnt, wird der Friede, den ihr ihm wünscht, auf ihm ruhen.«

Es gibt sie, die Friedensleute. Es gibt sie unter Christen wie unter Nichtchristen, die Leute, die selber Frieden in sich haben. Leute, die am Frieden interessiert sind. Die sich darum bemühen, ihn suchen, dafür aufgeschlossen sind und sich von ihm anstecken lassen. Leute, die wie ein trockener Schwamm nur darauf warten, von diesem *Shalom* durchtränkt zu werden. Oder Leute, die schon durchdrungen sind von Frieden. Wenn solche Leute des Friedens miteinander zusammentreffen, dann ist das ein großes Glück. Ihre Sehnsucht und ihr Bemühen treffen sich im selben Punkt. Und dann wird der Frieden noch mehr wachsen und sich ausbreiten.

Es kann aber auch sein, daß die Jünger auf Menschen stoßen, die keine Friedensleute sind. Die es entweder aufgegeben haben, sich darum zu bemühen, weil sie *Shalom* schlicht für unmöglich halten. Oder die schon so viel Haß und Verbitterung in sich aufgesaugt und angesammelt haben, daß sie keinen Frieden in sich haben können.

Auch diese Leute gibt es unter Christen wie unter Nichtchristen. Sie müßten erst einmal ihren Haß, ihre Verbitterung oder Aggression aus sich herausweinen oder herauspressen lassen, bevor sie Frieden in sich aufnehmen können. Aber das dauert. Das braucht Geduld und Zeit.

3. Und nun kommt der springende Punkt. Jesus geht auch davon aus, daß sich ein wirklicher Friedensmensch nicht aus der Ruhe bringen läßt. Daß jemand, der *Shalom* in sich hat, seinerseits immun ist gegen alle Ansteckung durch Haß, Bitterkeit oder Aggression.

»Andernfalls wird der Friede zu euch zurückkehren.«

Wenn der Friede nicht angenommen wird, wenn er zurückgewiesen wird, dann löst er sich nicht in Luft auf. Er verkehrt sich auch nicht ins Gegenteil, sondern er kehrt zu mir zurück.

Wirkliche Friedensleute bleiben im Frieden und der Friede bleibt in ihnen. Sie kommen im Frieden und gehen im Frieden. Sie lassen Frieden dort, wo er gewünscht wird, und nehmen ihn wieder mit sich, wo er abgelehnt wird.

Diese Sicht vom Frieden fasziniert mich.

Wir wissen ja, daß zu wirklichem Frieden untereinander immer zwei gehören. Oft leiden Leute darunter, daß sie mit irgendwelchen anderen nicht in Frieden leben können, weil diese jedes Gespräch ablehnen, jeder Versöhnung aus dem Weg gehen und nur die Feindschaft schüren.

Vielleicht ist gerade dies ein Wort für Menschen, die den Frieden wünschen und auf Ablehnung stoßen. Wer wirklichen Frieden gefunden hat, wird ihn nie verlieren. Wer in *Shalom* lebt, kann nur *Shalom* weiterschenken oder bei sich behalten. *Shalom* kann nicht weniger werden, sondern nur mehr. Es lohnt sich also, Frieden zu suchen. Ob ich bei mir selbst beginne, ob ich mich um Frieden mit anderen bemühe oder zuerst den Frieden mit Gott suche, ist egal. Wenn der Friede erst einmal bei mir Einzug gehalten hat, wird er mich nach und nach ganz durchdringen und sich ausbreiten. Das ist unsere Hoffnung und unser Wunsch, wenn wir nachher im Gottesdienst wieder einander die Hand geben und sagen: *»Der Friede sei mit Dir!«*

15. Sonntag im Jahreskreis

Dtn 30, 10–14; Lk 10, 25–37

Alles Wesentliche ist einfach. Alle wesentlichen Gebote sind einfach. Sie sind klar und einfach formuliert. Und sie gehen nicht über die eigenen Kräfte. Sie sind nicht so weltfern, so abgehoben und so hoch, daß man sie nicht halten kann. Im Gegenteil: Das, was sie fordern, steckt eigentlich schon in jedem Menschen drin. Es entspricht meinen eigenen Erfahrungen und Sehnsüchten. Das sagt die Lesung: Dieses Gebot geht nicht über deine Kraft, und du kannst es halten. Gemeint ist das Hauptgebot der Gottes- und Nächstenliebe.

Trotzdem sieht die Anwendung im Einzelfall ganz verschieden aus. Das zeigt das Gespräch zwischen dem Gesetzeslehrer und Jesus. Der Gesetzeslehrer will mit Jesus ein wissenschaftliches Streitgespräch führen. Er will wissen, unter welchen Bedingungen er das ewige Leben bekommt. Auf so eine allgemeine Frage antwortet Jesus ganz allgemein. Er verweist ihn auf das allgemein gültige Gebot: Gott und den Nächsten lieben. Soweit sind sie sich einig. Und mir scheint, auch uns geht es so. Theoretisch ist uns das völlig klar. Wir haben es oft genug gehört. Aber im Einzelfall kann man dann doch genauer nachfragen. Zum Beispiel: Wer ist denn mein Nächster?

Das ist eine typische Frage für uns moderne Menschen. Wer ist denn mein Nächster – das heißt heute: Bin ich denn dafür zuständig? Wir haben ja die Zuständigkeiten fein säuberlich verteilt. Wenn jemand krank wird, dann ist die Sozialstation zuständig. Wenn jemand obdachlos ist, dann ist die Caritas zuständig. Wenn Asylanten kommen, dann sind Staat oder Gemeinde zuständig. Wenn ein Unfall passiert, dann sind die Polizei und die Feuerwehr und das Rote Kreuz zuständig. Wenn Jugendliche auf die schiefe Bahn geraten, dann ist das Jugendamt zuständig. Wir haben für fast alles unsere Fachleute. Und oft wird jemand weiterverwiesen wie der Buchbinder Wanninger: Da streiten sich dann die Behörden und Ämter, wer denn wirklich zuständig ist. Keiner will sich unnötig Verantwortung und Unannehmlichkeiten aufhalsen.

Oder es kommen Leute ins Pfarrhaus und sagen: »Herr Pfarrer, Herr Kaplan, Sie müssen mal zu den und den Leuten. Da geht die Ehe kaputt, dort hängt der Mann an der Flasche ...« Im Klartext heißt das: Ich bin da nicht zuständig, aber Sie sind der Fachmann. Sie müssen da hin. Sie sind zuständig.

Wer ist mein Nächster? – hinter dieser Frage steckt der Wunsch, die Menschen einzuteilen in Nächste und Übernächste. Dahinter steckt die Hoffnung, genaue Maßstäbe zu haben, für wen ich zuständig bin und für wen nicht.

Jesus beantwortet die Frage aber ganz anders. Er erzählt das bekannte Beispiel vom barmherzigen Samariter und stellt am Schluß überraschend die Frage: »Wer hat sich als Nächster erwiesen?« Wer von den dreien hat sich zum Nächsten des anderen gemacht?

Diese Frage ist typisch für einen Menschen, der nicht von sich her denkt, sondern von Gott her. Jemand sieht ein Problem, einen Menschen in Schwierigkeiten und sagt sich: Dieses Problem, diesen Menschen stellt Gott *mir hier und jetzt* in den Weg. Ich bin jetzt zuständig.

Ich denke da an einen Mann, der neulich bei mir war. In seinem Betrieb sind mehrere Kollegen alkoholabhängig. Und er wollte sich zu diesem Problem informieren, um dann seine Kollegen aufzuklären. Er hat dieses Problem gesehen und als eine Anfrage an sich selber verstanden. Er hat die Verantwortung nicht an die Suchtberatung und an die Caritas abgeschoben. Er hat sich selber zum Nächsten für seine Kollegen gemacht.

Dabei hat er allerdings auch eine Erfahrung gemacht, die viele davor zurückschrecken läßt, anderen zum Nächsten

zu werden: Nicht alle sind so dankbar für Hilfe wie der Mann, der unter die Räuber gefallen ist. Undank ist der Welt Lohn, heißt unser Sprichwort. Aber es soll trotzdem keine Ausrede für unterlassene Hilfeleistung sein.
Jedenfalls macht Jesus deutlich: Es geht nicht darum, theoretisch darüber zu rätseln, wer nun mein Nächster ist und wer nicht. Es geht vielmehr darum, wem ich praktisch und konkret zum Nächsten werde. Und das kann jeder sein, der mir in irgendeiner Notlage begegnet. Das geht nicht über meine Kraft. Das kann ich halten.
Der Gesetzeslehrer hätte auch fragen können: »Was heißt lieben?« Meine Schulkinder rebellieren oft bei diesem Wort. Sie erleben schon, daß es sympathische und unsympathische Menschen gibt, daß man nicht alle Leute gleich gern haben kann.
Das Gebot sagt, ich soll den Nächsten lieben wie mich selbst. Ich soll ihn behandeln, wie ich mich selbst behandeln würde oder wie ich mir es wünsche. Das kann manchmal nur reine Höflichkeit sein. Das kann Respekt vor dem Ruf und der Privatsphäre eines Menschen bedeuten. Das kann Geduld beim Zuhören sein oder Zeit, die ich mir nehme. Das kann Hilfe oder Pflege sein oder auch Rücksicht und Mitgefühl.
Das ist nicht zuviel verlangt. Das geht nicht über meine Kraft. Das kann ich halten.
Auch in diesem Fall geht es nicht um eine begriffliche Streiterei, was lieben heißt und wo die Liebe aufhört. Es geht um ganz praktisches Handeln. Und zweimal sagt Jesus dem Gesetzeslehrer: »Handle danach!«
Damit meint er: Wenn du kapiert hast, worum es diesem Gebot letztlich geht, dann tu es auch! Wenn du verstanden hast, was das Gebot will, dann wirst du auch im Einzelfall die richtige Entscheidung treffen.
Handle danach! Gebote sind nicht etwas zum Aus*legen*, sondern zum Aus*leben*.
Und keine Angst vor der Freiheit! Keine Angst vor der Ver-

antwortung! Gebote müssen so allgemein gehalten sein. Denn je mehr Einzelvorschriften daraus gemacht werden, um so schwieriger wird es, sich auszukennen, und um so seltener wird spontan geholfen.
Jesus sagt: »Dann geh und handle genauso.« Geh – solange du auf der Suche bist, werden dir genügend Menschen begegnen, denen du der Nächste bist, weil grad kein anderer da ist.
Und handle genauso – überleg nicht lang, ob du zuständig bist oder ein anderer. Tu, was jetzt nötig ist. Dann erfüllst du das Gebot Gottes, und du wirst leben – und dein Nächster genauso.

16. Sonntag im Jahreskreis

Gen 18,1–10a; Lk 10,38–42

Zwischen den beiden heutigen Lesungen besteht ein merkwürdiger Widerspruch. In der ersten Lesung wird gewissermaßen das Lob orientalischer Gastfreundschaft gesungen. Es handelt sich dabei fast um ein Lehrstück, das dem Zuhörer sagt: Der Gast ist König. In jedem Gast könnte dir Gott begegnen. Darum nimm ihn freundlich und zuvorkommend auf.

Im Orient ist das bis heute noch so. Wer in friedlicher Absicht an einem Nomadenzelt vorbeikommt, der darf sich auf einen längeren Aufenthalt gefaßt machen. Er wird mit dem Besten bewirtet und genießt den Schutz des Gastgebers.

Eigentlich steht Marta ganz in dieser Tradition. Sie nimmt Jesus auf, bewirtet ihn mit dem Besten, was Küche und Keller zu bieten haben. Aber – das läßt Lukas schon durchblikken – irgend etwas stimmt nicht bei all dieser Geschäftigkeit.

»Sie war ganz davon in Anspruch genommen, für ihn zu sorgen.« Das heißt doch, sie war ganz in Beschlag genommen von ihren Tätigkeiten und gar nicht mehr offen für den Gast, der da bei ihr ist. Sie kommt gar nicht dazu, Jesus zuzuhören – vor lauter Geschäftigkeit. Und dann beschwert sie sich bei Jesus über ihre Schwester und ob es ihn denn nicht kümmert, daß sie ihr nicht hilft ...

Wäre Jesus auf diese Beschwerde eingegangen, dann hätte er womöglich ganz allein dagesessen. Seine gute Botschaft wäre vor lauter Geklapper und Geschepper in der Küche gar nicht mehr zu hören gewesen.

Mit dieser kleinen Begebenheit präsentiert uns Lukas auch eine Art Lehrstück. Nur: Widerspricht das nicht völlig der Erzählung von Abraham und seiner Gastfreundschaft? Dort

haben wir doch gelernt: Nimm jeden Gast freundlich auf, denn in ihm könnte Gott selber bei dir vorbeischauen. Das tut Marta doch! – Aber Lukas geht es darum, zu zeigen, *wie* die richtige Gastfreundschaft aussieht, *wie* man sich verhalten soll, wenn Gott selber bei einem vorbeischaut. Er führt uns in Maria und Marta gewissermaßen zwei Lebenshaltungen, zwei christliche Tugenden vor Augen:
Man könnte sagen: Frau Aktion und Frau Kontemplation, Frau Politik und Frau Mystik. Man könnte auch sagen, daß sich in Marta und Maria gewissermaßen zwei Neigungen unserer Seele personifizieren. Und nicht nur zwei Neigungen unserer Seele, sogar zwei Daseinsformen von Gemeinde.
Wenn dem wirklich so ist, dann vermittelt uns Lukas mit seinem Lehrstück folgendes:
Das Wichtigste, das Bessere, das Not-wendige für den einzelnen und für eine Gemeinde als ganze ist, daß wir uns Jesus zu Füßen setzen und erst einmal hinhören, was er zu sagen hat. Denn sonst könnte es passieren, daß er vor lauter Geschäftigkeit und Trubel bei uns gar nicht an-kommt.
Erst aus dem Höheren, dem Besseren, erwächst dann als Konsequenz das Nächstbessere: die Aktion, die Tat. Das was Jesus uns sagt, gilt es dann auch umzusetzen.
Maria zeigt uns, was wichtig ist: zuerst einmal Jesus als den Herrn anzuerkennen und ihm den Raum zu geben, in Aktion zu treten – bevor wir selber aktiv werden.
Nicht zufällig ist es, daß Marta und Maria Schwestern sind. Auch die beiden Grundhaltungen, die sie verkörpern, sind Geschwister und gehören zusammen. Aber es geht um die richtige Reihenfolge.
Wenn wir vor aller Aktion erst einmal Jesus in Aktion treten lassen, wenn wir sein Wort hören oder selber in der Schrift lesen, darüber nachdenken und antworten im Gebet, dann haben wir das Bessere erwählt.

17. Sonntag im Jahreskreis

Gen 18, 20–32; Lk 11, 1–13

In den heutigen Texten werden uns zwei Menschen vor Augen gestellt, die uns das Beten lehren. Von ihnen können wir abschauen, wie das geht mit dem Beten. Bei allem Ernst, der hinter der Sache steht, lassen sie uns sogar ein wenig schmunzeln über das kindliche Vertrauen, mit dem die Leute Gott bitten.

Da ist zuerst Abraham, der Gott beim Wort nimmt. Wenn Gott ein Gott der Gerechtigkeit ist, dann kann er doch nicht alle über einen Kamm scheren. Dann muß er doch ein Herz haben für die Unschuldigen, für die Gerechten. Und so beginnt er, in bester orientalischer Manier, mit Gott zu feilschen. 50 Gerechte, 45, 40, 30, 20 – bis er bei 10 angelangt ist und Gott einwilligt. Er läßt nicht locker, bis er mit Gott einig ist, bis er erreicht hat, was er will.

Daß auch wir bisweilen mit Gott feilschen, ihm einen Handel anbieten, das ist uns nicht fremd. Aber wir bitten da ja fast immer für uns selbst. Abraham dagegen setzt seine ganze Überredungskraft bei Gott für andere ein – und vielleicht ist er deshalb erhört worden?

Vielleicht denkt jetzt mancher: Aber so wie er kann man doch nicht mit Gott umgehen! – Doch, man kann.

Jedenfalls lerne ich von Abraham: Ich brauche kein Angst zu haben, mit Gott zu handeln, wenn ich für andere eintrete. Ich kann beim Beten nichts verlieren, sondern nur gewinnen.

Und dann kommt Jesus, der von seinen Jüngern aufgefordert wird: »Lehre uns beten«. Er lehrt sie auch, wie sie mit Gott umgehen dürfen. Er lehrt sie zuerst das Vaterunser zu sagen. Er lehrt sie, zu Gott »Vater« zu sagen und ihr Verhältnis zu Gott in Ordnung zu bringen.

Aber er lehrt sie nicht nur, die Worte des Vaterunser zu

sprechen, sondern er lehrt sie auch die entsprechende Haltung und Gesinnung.
Er sagt: »Wer zu Gott Vater sagen darf, der darf auch zu jeder Tages- und Nachtzeit zu ihm kommen und ihn bitten. Der soll auf keinen Fall lockerlassen.« Jesus sagt: »Ihr macht es doch sonst auch so. Ihr gebt doch sonst auch so lange keine Ruhe, bis ihr bekommen habt, was ihr wollt. Und wenn ihr es nicht aus Freundschaft bekommt, dann wenigstens deswegen, weil der andere endlich seine Ruhe haben will.«
»Aber Gott ist euer Freund und bleibt euer Freund. Also geniert euch nicht, ihn zu bitten, und gebt nicht auf!«
Und Jesus sagt weiter: »Wer zu Gott Vater sagen darf, der braucht auch keine Angst zu haben, daß er enttäuscht wird. Ihr alle gebt doch euren Kindern Gutes. Ihr alle wollt doch für eure Kinder nur das Beste – obwohl ihr selbst oft böse seid.
Aber Gott ist nur gut. Und er will für euch das Beste. Er gibt euch das Beste, was ihr bekommen könnt: den Heiligen Geist. Der läßt euch wirklich als Kinder Gottes leben, als Schwestern und Brüder gemeinsam handeln.«
Es läßt mich ein wenig schmunzeln, wenn ich mir richtig bildhaft vorstelle, daß ich so beten darf: daß ich wie ein Orientale auf dem Bazar mit Gott handeln darf. Daß ich wie ein Freund bei ihm so lange an die Tür hämmern darf, bis er mich hört und erhört. Daß ich nicht Angst haben muß, von ihm reingelegt zu werden, wenn ich eine Bitte äußere und mich dadurch schwach und verletzlich zeige.
Es macht mir Mut zum Beten, wenn ich weiß: Gott ist mein Vater und er ist mir väterlicher Freund. Und darum darf ich mit Gott auch so umgehen.

18. Sonntag im Jahreskreis

Koh 1, 2; 2, 21–23; Lk 12, 13–21

Auf den Etiketten von Bierflaschen lese ich oft: seit dem Jahre soundso im Familienbesitz. Häufig ist es auch in Speisekarten zu lesen: Gasthof seit dann und dann im Familienbesitz. Die Liste ließe sich fortsetzen: nicht nur Brauereien und Gasthöfe, auch Bauernhöfe und andere Unternehmen sind stolz auf ihre lange Tradition. Seit Generationen wird das Erbe bewahrt und erweitert und in der Familie weitergegeben. Doch was ist, wenn in der Familie keine Erben da sind? Oder wenn keines der Kinder Lust hat, den Betrieb weiterzuführen?

Dann kann es so kommen, wie Kohelet sagt: »Das, was ein Mensch mit viel Wissen, Kenntnis und Sachverstand aufgebaut hat, muß er anderen lassen. Was hat er dann davon, daß er sein Lebtag geschuftet und etwas aufgebaut hat? Was hat er davon, daß er viel investiert hat an Zeit, Geld, Sorgen und Arbeitskraft? Was hat er davon, daß er sich nie Urlaub gegönnt hat? Wenn am Ende nur andere davon profitieren?«

Hinter diesen Fragen steckt eine noch viel wichtigere Frage: Wozu schaffe ich überhaupt? Was bleibt von meiner Arbeit am Ende übrig? Ja, wozu lebe ich überhaupt? Was bleibt denn von meinem Leben am Ende übrig? Ist tatsächlich nur alles Windhauch, letztendlich vergänglich und sinnlos?

Diese Fragen sind so alt wie die Menschheit. Und die Menschen haben immer verschiedene Antworten und Lösungen darauf gesucht.

Eine Lösung heißt: Ohne Fleiß kein Preis. Haste was, dann biste was. Dahinter steckt der Wunsch, daß am Ende doch noch was bleiben möge. Man muß sich nur genug dafür anstrengen. Wenn es schon schwer genug ist, daß ich selber einmal von der Bühne des Lebens abtreten muß – dann soll

wenigstens etwas von mir dableiben, was mein Leben überdauert. Irgend etwas soll der Nachwelt hinterlassen bleiben, was an mich erinnert.
Es ist ein tiefer menschlicher Wunsch, etwas zu schaffen, etwas Sichtbares und Greifbares zu hinterlassen. Einen Namen zu haben und wer zu sein.
Aber schwer wird es, wenn jemand nur dafür lebt und nicht lernt, auch loszulassen. Manche Menschen können deshalb nicht abtreten oder aufhören, ja nicht einmal sterben, weil sie ihr Werk nicht loslassen wollen. Sie weigern sich, zu akzeptieren, daß es auch ohne sie und möglicherweise anders weitergehen wird.
Diese Haltung finde ich häufig bei Menschen der älteren Generation. Die jüngeren, vor allem viele Jugendliche, vertreten genau das Gegenteil.
Ihre Lösung auf die Frage: Wozu lebe ich überhaupt und was bleibt denn am Schluß, heißt: nichts. Es hat ja sowieso alles keinen Sinn. No future, und darum auch Null Bock auf Nix.
Der Ausweg aus dieser sinnlosen Zukunftsaussicht heißt deswegen: Lust statt Frust. Mitnehmen, was ich kriegen kann.
Also lieber gar nicht so weit planen, sondern hier und heute genießen, was sich mir gerade bietet. Mich möglichst an nichts und niemanden binden, keine Verantwortung übernehmen, damit ich frei bin für jedes Vergnügen. Wer weiß denn, was morgen ist? Was ich hab, das hab ich.
Zwei grundverschiedene Antworten auf die Frage, wozu ich lebe und was am Ende bleibt.
In die Sackgasse führen beide – nämlich zu einem übertriebenen Festklammern an irdische und materielle Dinge. Ob die Alternative heißt: möglichst viel leisten und aufbauen, oder: möglichst viel genießen und vom Leben haben – irdisch und vergänglich ist beides.
Gibt es denn keine andere Antwort, keinen Weg, der aus dieser Sackgasse herausführt? – Doch, es gibt einen. Aber

der wird von immer weniger Menschen gefunden und von noch weniger Menschen gewählt. Denn wenn ich diesen Weg gehe, sehe ich nichts Greifbares. Da kann ich nicht zählen, messen oder wiegen, was ich getan habe.
Jesus gibt uns diese Antwort nachher im Evangelium. Er rät uns, Schätze im Himmel zu sammeln. Er rät uns, das Leben für Taten zu nutzen, die vor Gott Bestand haben und die unser Leben sinnvoll machen. Was das sein könnte, sagt für mich am besten eines der neuen Lieder, die im Troubadour stehen:

> Der Herr wird nicht fragen: Was hast du gespart, was hast du alles besessen? Seine Frage wird lauten: Was hast du geschenkt, wen hast du geschätzt um meinetwillen?
> Der Herr wird nicht fragen: Was hast du gewußt, was hast du Gescheites gelernt? Seine Frage wird lauten: Was hast du bedacht, wem hast du genützt um meinetwillen?
> Der Herr wird nicht fragen: Was hast du beherrscht, was hast du dir unterworfen? Seine Frage wird lauten: Wem hast du gedient, wen hast du umarmt um meinetwillen?
> Der Herr wird nicht fragen: Was hast du bereist, was hast du dir leisten können? Seine Frage wird lauten: Was hast du gewagt, wen hast du befreit um meinetwillen?
> Der Herr wird nicht fragen: Was hast du gespeist, was hast du Gutes getrunken? Seine Frage wird lauten: Was hast du geteilt, wen hast du genährt um meintwillen?
> Der Herr wird nicht fragen: Was hast du erreicht, was hast du Großes gegolten? Seine Frage wird lauten: Hast du mich erkannt, ich war dein Bruder um deinetwillen!

(Worauf es ankommt, wenn ER kommt. – Text: Alois Albrecht. – Musik: Ludger Edelkötter – aus: Worauf es ankommt, wenn ER ... alle Rechte im Impulse-Musikverlag, 4460 Drensteinfurt)

19. Sonntag im Jahreskreis

Hebr 11, 1–2.8–12

Glauben heißt »nicht wissen«. Das sagen manchmal Leute, die stolz sind auf ihre Bildung. Ein wenig spöttisch und mitleidig lächelnd schauen sie auf diejenigen, die noch eine Religion haben. Für sie sind gläubige Menschen naiv und geistig rückständig. Glauben heißt »nicht wissen«. Wer es besser weiß, der braucht nicht glauben. Wer glaubt denn heute noch an Märchen, an längst überholte Geschichten aus einer Zeit, in der die Menschen halt keine wissenschaftliche Ahnung hatten und die Welt noch von Göttern und Geistern, Dämonen und Engeln bewohnt war? Heute liefert uns die Wissenschaft täglich neue Erklärungen und Erkenntnisse, die den Glauben überflüssig machen. Und wer trotzdem glaubt, der will das nicht wahrhaben oder ist einfach dumm.

So denken manche. Wenn Glaube tatsächlich das wäre, was sie meinen, dann müßte man solchen Glauben wirklich ablehnen. Glaube als »nicht wissen *wollen*« – das hieße ja, sein Leben auf Lügen aufbauen oder an Tatsachen vorbeigehen.

Trotzdem kann man sagen: Glauben heißt »nicht wissen«. Und zwar »nicht wissen *können*«. Paulus sagt es sogar noch besser und treffender: »Glauben heißt feststehen in dem, was man erhofft; überzeugt sein von Dingen, die man nicht sieht.« Das ist etwas ganz anderes.

Ich kann vieles nicht wissen, weil es noch nicht ge-wiß ist. Es ist noch nicht eingetroffen. Es liegt noch in der Zukunft. Oder es läßt sich nie wissenschaftlich beweisen und mit letzter Sicherheit sagen.

Aus dieser Art Glauben leben wir ständig – und oft, ohne es zu merken.

– Wir glauben, daß wir morgen noch leben. Wissen können wir es nicht.

- Wir glauben an die Freundschaft, Liebe und Treue von Menschen. Wissen können wir es nicht.
- Wir glauben an ihre Ehrlichkeit und ihre guten Absichten mit uns. Wissen können wir es nicht.

Solcher Glaube ist riskant. Wir nennen das auch Vertrauen. Das, was wir glauben, das kann nicht im voraus gewußt oder gar bewiesen werden. Unser Vertrauen kann enttäuscht werden. Aber es kann auch durch Erfahrungen bestätigt werden. Es kann zur Ge-wiß-heit werden, weil wir uns auf manche Hinweise stützen können. Es gibt Worte, die unser Vertrauen bestärken: Wenn jemand sagt: Ich mein's gut mit dir. Ich laß dich nicht im Stich. Ich liebe dich. Es gibt Zeichen, die unser Vertrauen erwidern: wenn ich beschenkt werde, wenn ich Post bekomme, angerufen werde, wenn jemand etwas für mich tut. Dann weiß ich, daß es dieser Mensch ernst meint. Durch Erfahrungen wird unser Vertrauen gerechtfertigt.

Solcher Glaube, solches Vertrauen setzt ungeahnte Kräfte frei. Wir sprechen ja zum Beispiel von Selbst-vertrauen. Wenn jemand an seine eigenen Fähigkeiten und Begabungen glauben kann, wenn jemand auf seine Talente vertraut, dann schafft er eine Aufgabe leichter als jemand, der an sich selbst zweifelt.

Als Lehrer weiß ich, daß Schüler manches zu leisten imstande sind, wenn ich an ihre Fähigkeit glaube, es auch zu schaffen. Mein Vertrauen, mein Zutrauen gibt ihnen die Kraft.

Ganz ähnlich ist es auch mit dem Gott-Vertrauen, dem Glauben. Wenn ich an Gottes Macht glaube, wenn ich ihm zutraue, daß er aus meinem Leben etwas machen kann, dann fällt mir manches leichter. Und wenn ich glauben kann, daß Gott mir manches zutraut, dann werde ich auch die Kraft finden, es zu schaffen.

So ist recht verstandener Glaube, echtes Gott-Vertrauen ein wechselseitiges Geschehen: Gott traut mir etwas zu, und ich traue Gott etwas zu. Er baut auf mein Mittun und ich

auf seines. Dieser Glaube kann wirklich Berge versetzen und Wunder bewirken. Deswegen rühmt Paulus den Abraham und seine Frau Sara als Musterbeispiel für glaubende Menschen. Sie haben bei allen Hindernissen nie den Glauben an die Zusage Gottes verloren, der ihnen gesagt hat: Ich geh mit. Ich halte mein Wort. Ich mach es gut.
Und ich denke an eine junge Frau aus meiner früheren Pfarrei, deren Bruder nach einem Verkehrsunfall wochenlang bewußtlos war. Täglich ist sie zu ihm ins Krankenhaus gefahren, hat an seinem Bett gesessen, ihn berührt und mit ihm geredet. Durch ihren Glauben ist er wieder aufgewacht und gesund geworden. Das haben auch die Ärzte gesagt.
Glauben heißt »nicht wissen«. Stimmt. Aber Glauben heißt: feststehen in dem, was man erhofft, und überzeugt sein von Dingen, die man nicht sieht. Und solcher Glaube führt zum Wissen – allerdings nur diejenigen, die auf den Weg und das Wagnis des Glaubens eingehen. Denn am Ziel angekommen, werde ich es wissen: Es war gut und es war richtig, daß ich geglaubt habe. Wer nicht wagt, der nicht gewinnt. Wer nicht glaubt, der nichts weiß. Und wer nicht losgeht, der kommt auch nicht an.

20. Sonntag im Jahreskreis

Hebr 12, 1–4

Sportbegeisterung hat es anscheinend schon zu allen Zeiten gegeben. Vielleicht war auch der Verfasser des Hebräerbriefes ein Sportfan? Ich kann mir jedenfalls gut vorstellen, daß er gern auf der Zuschauertribüne im Stadion gesessen und den Wettläufen zugeschaut hat. Vielleicht war er in seiner Jugend sogar selbst ein guter und aktiver Sportler gewesen. Jedenfalls kennt er sich mit Leichtathletik und Wettläufen gut aus. Seine Begeisterung für diese Sportart bringt ihn dazu, einmal all das auf das christliche Leben zu beziehen, was für einen guten Läufer wichtig ist.
Mir gefällt diese Idee gut. Und sie reizt mich, noch ein bißchen mehr darüber nachzudenken, welche Gemeinsamkeiten Sport und christliches Leben haben.

1. Wer Sport ernsthaft betreibt, braucht Training – und zwar tägliches Training. Krafttraining, Geschicklichkeitstraining, Ausdauertraining. Ohne das tägliche Training wird ein Sportler nicht weit kommen.
   Genauso haben schon die ersten Christen gewußt, daß es mit ernstgemeintem christlichen Leben auch so ist. Und darum haben sie sogar einen Begriff aus dem Sport auf ihr geistliches, religiöses Leben übertragen: Askese. Dieses Wort, das für uns eher ein wenig weltfremd klingt, heißt übersetzt ganz einfach »Übung« oder »Training«.
   Auch ein Leben aus dem Glauben braucht tägliches Training – nicht nur am Sonntag für eine Stunde. Wer Jesus wirklich nachfolgen will, der muß üben. Wer beten lernen will, muß üben. Wer wie Jesus Freunden und Feinden begegnen will, muß üben.
2. Um vorwärts zu kommen, müssen Sportler hart an sich arbeiten. Sie brauchen vor allem Kondition, also optimale körperliche und geistige Voraussetzungen. Der

ganze Lebensrhythmus, sogar die Ernährung und der Schlaf werden darauf hin abgestimmt und angepaßt.

Auch dieses Wissen haben Christen auf ihre Lebensführung übertragen. Und so entstanden in allen Zeiten bis heute viele praktische Tips: In manchen Paulusbriefen findet man solche Tugendkataloge oder Merksätze. Wir kennen die großen Klassiker wie die »Nachfolge Christi« eines Thomas v. Kempen oder die »Tugendliebe« des heiligen Franz von Sales. Heute sind vielleicht die Regeln aus Taizé beliebter. In all diesen Werken spiegelt sich die ursprüngliche Idee, die aus dem Sport kommt: Wer vorwärtskommen will, muß an sich arbeiten.

3. Deswegen sagt der Verfasser des Hebräerbriefes auch, daß es wichtig ist, Ballast abzuwerfen. Dann läuft sich's nämlich leichter. Sportler tragen ja auch möglichst leichte Kleidung und feilen an ihren Geräten jedes überflüssige Gramm weg: ob an Autos, Rädern, Skiern oder Booten. Je leichter, desto schneller.

   Deswegen sollen auch Christen allen überflüssigen Ballast abwerfen, damit sie besser vorwärtskommen. Für ihn ist die Sünde so ein Bremsklotz, die wie ein Gewicht lähmt, einen unnötig anstrengt und viel zu schnell erschöpft sein läßt. Wer sich von der Sünde frei machen kann, wer hinderliche Gewohnheiten abwerfen kann, der lebt leichter und unbeschwerter.

4. Was für einen Läufer gilt, das gilt auch für einen Christen:

   Kopf hoch! – nicht aus Hochmut, etwas Besseres zu sein als die anderen. Sondern aus der Erfahrung, daß es sich leichter läuft, wenn ich das Ziel sehe und anvisiere. Ich komme nicht so leicht aus dem Gleichgewicht und erkenne Hindernisse früher, wenn ich mit den Augen vorausschaue.

5. Schließlich zählt für ihn auch noch das Vorausschauen mit dem Herzen. Für Sportler ist die Motivation vor allem der Sieg, das Treppchen und die Medaille. In der An-

tike war es der Lorbeer, für den die Sportler das Letzte aus sich herausgeholt haben. Heute sind es in manchen Sportarten wie Fußball, Tennis, Boxen, Golf – aber auch Laufen vielleicht auch die Millionen Dollars, die auf den Sieger warten. Jedenfalls ist für unseren Briefschreiber wichtig, daß es einen Anreiz geben muß, sich anzustrengen.
Für uns Christen, sagt er, ist der Anreiz noch viel größer und wertvoller als Lorbeer und Treppchen, Medaillen und Dollars. Auf uns wartet Jesus Christus selber. Auf uns wartet Gott und die unendliche Freude, die er uns einmal machen wird. Das sollte uns motivieren, über alle Ermüdungserscheinungen, Hindernisse und Stolperfallen des Lebens hinwegzukommen und das Letzte aus uns herauszuholen, wenn wir diesem Ziel entgegenlaufen.

6. Nur einen Unterschied sehe ich zwischen dem Wettlauf und dem Lebenslauf. Den Wettlauf kann nur einer gewinnen. Das Leben aber kann jeder gewinnen, der sich auf diese Bahn begibt und anfängt zu laufen. Denn Gott steht nicht mit der Stoppuhr am Ziel. Für ihn zählt nicht die Zeit, sondern die alte Sportlerregel aus dem alten Olympia: Dabeisein ist alles!

21. Sonntag im Jahreskreis

Hebr 12, 5–7.11–13

»Wen Gott liebt, den züchtigt er.« – Ein Satz, der mir beim ersten Hören Bauchweh bereitet. Ein Satz, der mich sagen läßt: »Ja – aber ...« Kann man das so allgemein sagen? Und außerdem – so ein Satz paßt doch gar nicht zu der Vorstellung vom »lieben Gott«, die wir so gern haben.

»Wen Gott liebt, den züchtigt er.« Dieser Satz löst viele Fragen und Gedanken bei mir aus. Ich denke an Kindesmißhandlungen. Ich denke an die Prügel, die es von Eltern, Lehrern und Pfarrern gegeben hat. Gott sei Dank sind diese Zeiten vorbei und die Prügelstrafe abgeschafft.

Aber hier sieht es so aus, als ob es bei Gott noch gilt: Züchtigung! Und ich frage weiter: Kann man ein Kind durch Prügel bessern? Kann man Ziele und Werte durch Schläge einem Menschen einbleuen?

Ich glaube es nicht. Man kann höchstens jemanden davon abhalten, etwas Bestimmtes noch einmal zu tun. Aber nicht aus Einsicht, sondern aus Angst vor der Bestrafung.

Angst – ist das nicht ein Gefühl, das viele Menschen haben, wenn sie das Wort »Gott« hören? Er sieht alles – und er bestraft mich wieder. Und wenn dann noch jemand sagt: »Wen Gott liebt, den züchtigt er« – ist das nicht ein Hohn? Ist das nicht Gotteslästerung?

Umgekehrt frage ich mich, welche Erfahrungen wir mit Züchtigungen gemacht haben. Wie viele Eltern sitzen jetzt hier, die sich irgendwann einmal im stillen vorgenommen haben: Wenn ich mal Kinder habe, werde ich sie nie schlagen. Und – haben Sie es gehalten?

Vielleicht sitzen auch manche da, die einmal für irgend etwas eine Ohrfeige bekommen haben und genau wußten: Die hab ich verdient. Das war berechtigt. Und wie viele Kinder und Jugendliche gibt es, die allmählich zu Tyrannen

und rücksichtslosen Egoisten heranwachsen, weil die entscheidende Ohrfeige zur rechten Zeit *nie* gekommen ist?
Paulus vergleicht Gott ja mit einem Vater, der seine Erziehungsaufgabe wahrnimmt. Darin unterscheidet er sich nicht von Eltern, die ihre Kinder zu anständigen Menschen erziehen wollen. Und Paulus sagt: »Wen Gott liebt, den züchtigt er.«
Das ist nicht so zu verstehen, daß derjenige von Gott am meisten geliebt wird, der die meisten Schläge im Leben einstecken muß. Wir bemessen ja die elterliche Liebe auch nicht nach der Anzahl der Schläge und Strafen, die die Kinder bekommen.
Nein, Paulus meint: Wenn Gott manchmal hart durchgreift, dann geschieht das nicht aus Lust am Strafen, sondern aus Sorge und Liebe um den Menschen. Gott will ja dasselbe für uns wie Eltern für ihre Kinder. Und das heißt eben auch manchmal: Nein sagen. Nicht alles durchgehen lassen. Grenzen aufzeigen. Ein Machtwort sprechen.
»Wen Gott liebt, den züchtigt er.« Dieser Satz ist nur zu verstehen, wenn man glaubt, daß Gott uns Menschen durch das ganze Leben erziehen will. Daß er mich durch Ereignisse und andere Menschen zum Guten führen will.
Und da gilt das gleiche wie bei menschlicher Erziehung: Nur dann, wenn ich zuvor schon Vertrauen und Liebe meiner Eltern erfahren habe, wenn ich wirklich überzeugt bin, daß sie es gut mit mir meinen – nur dann kann ich eine Strafe oder eine Züchtigung akzeptieren. Sonst nicht.
Auch da kennt sich Paulus in der Menschenseele aus: »Jede Züchtigung scheint zwar für den Augenblick nicht Freude zu bringen, sondern Schmerz. Später aber schenkt sie denen, die durch diese Schule gegangen sind, als Frucht den Frieden und die Gerechtigkeit.«
Später, sagt er, wird man das einsehen können. Meine eigene Erfahrung stimmt da zu. Wenn eine Strafe – ob Taschengeldentzug, Fernsehverbot, Hausarrest oder Ohrfeige – wenn das gerecht war, dann habe ich nach einiger

Zeit dazu ja sagen können. Auch wenn es zunächst sehr weh getan hat.
Bei Paulus steckt allerdings noch viel mehr dahinter, nämlich die Geschichte und die Erfahrung eines ganzen Volkes. Für die Juden war ihre ganze Geschichte ein Erziehungsprozeß Gottes mit seinem Volk. Und sie mußten die Erfahrung machen, daß Gott sogar so weit geht, sein Volk in die Verbannung zu führen, damit es endlich umkehrt und einsieht, was es falsch gemacht hat.
Aber nun kommt ein entscheidender Punkt: Israel hat von sich aus gemerkt, daß Gott das alles nur getan hat, weil er sein Volk immer noch liebt.
Und wenn Paulus sagt: »Wen Gott liebt, den züchtigt er«, dann ist das genauso ein Satz, der nur in mir selbst zur Erfahrung wachsen kann. Nur ich selbst kann fragen: Was will Gott damit erreichen, daß er mir dieses und jenes zumutet? Was will er mir damit sagen? Aber ich darf nie und nimmer einem anderen Menschen diesen Satz um die Ohren schlagen, wenn ihn irgendein Unglück trifft.
Es gibt in unserem Leben ja allerlei Schläge. »Schicksalsschläge« sagen wir meistens, bei denen wir kaum einen Sinn oder gar keinen erkennen können. Da ist es schon eine Glaubensaufgabe, trotzdem daran festzuhalten, daß es Gott mit mir letztlich gut meint und daß auch dieses Unglück mich weiterbringen kann.
Es ist schwer genug, an Gott zu glauben, der mich liebt. Es ist noch schwerer, zu akzeptieren, daß er mich manchmal Wege führt, die ich nicht gehen will, und daß er mir Dinge zumutet, die ich nicht tragen will. Und es kann lange dauern, bis ich im nachhinein einen Sinn darin entdecken kann. Vielleicht finde ich auch gar keinen Sinn darin und muß nur glauben, daß es bei Gott einen Sinn haben könnte. Doch vielleicht geht es mir am Ende meines Lebens einmal so, wie es der Dichter Eugen Roth formuliert hat: »Ein Mensch schaut in die Zeit zurück und sieht: sein Unglück war sein Glück.«

22. Sonntag im Jahreskreis

Lk 14, 1.7–14

Was macht einen guten Lehrer aus? – Ich denke, wenn er den Schülern möglichst oft freie Hand läßt, damit sie selber ausprobieren und nach Lösungen suchen. Ich denke, ein guter Lehrer wird seine Schüler Erfahrungen machen lassen und sie loben, wenn sie Erfolg haben. Und wenn sie Fehler machen, dann wird er mit ihnen zusammen die Fehler anschauen und fragen: Woran hat es jetzt gelegen, daß es nicht gutgegangen ist?

So ähnlich scheint es mir hier zu sein. Ein Ereignis geht schief – und Jesus schaut es mit den Leuten zusammen an, um zu fragen: Warum ist es schiefgegangen und wie kann man es besser machen?

Ein führender Pharisäer veranstaltet ein Essen. Eine Gartenparty, würden wir heute sagen. So etwas hat sich damals nicht hinter verschlossenen Türen abgespielt, sondern im Hof oder auf der Veranda. Man konnte dabei zuschauen, es war fast ein öffentliches Ereignis. Die Vornehmen, Gleichgestellten waren eingeladen. Die weniger Angesehenen schauten zu. Auch Jesus dürfte bei denen gestanden haben, denn es heißt nicht, daß er *eingeladen* war ...

Bekannt war er wohl. Denn man beobachtet ihn genau. Und auch er beobachtet genau, und was er sieht, das stinkt ihm. Ihn ärgert die Ehrsucht der Gäste, die sich selbst die besten Plätze aussuchen, anstatt das dem Gastgeber zu überlassen. Ihn ärgert, daß das ganze Essen anscheinend unter dem Gesichtspunkt steht: Eine Hand wäscht die andere. Lädst du mich ein, dann lade ich dich ein.

Jesus weiß: Es könnte auch anders sein. Es müßte eigentlich sogar anders sein. Und darum beschließt er, ihnen eine Lehre zu erteilen. Eigentlich sind es sogar drei Lehren.

1. Die erste Lehre steht nicht da – sie besteht in seinem Verhalten: Er hebt sich seine Kritik nicht auf, er trägt sie nicht zu anderen Leuten, er sagt nicht hintenherum zu irgend jemandem, was ihm stinkt, sondern er bringt seine Kritik da an, wo sie hingehört: bei den Betroffenen. Und er kritisiert nicht, um zu verletzen, sondern um zu heilen und zu bessern.
2. Zuerst wendet er sich an die Gäste. Ihnen macht er klar, daß sie sich mit der Balgerei um die Ehrenplätze etwas anmaßen, was ihnen gar nicht zusteht. Die Plätze verteilt der Gastgeber und nicht die Gäste selbst. Denn wenn der Gastgeber von seinem Recht Gebrauch macht, wenn alle schon sitzen, dann kann es unter Umständen peinlich werden ...
   Darum sagt er ihnen das Sprichwort: »Wer sich selbst erhöht, wird erniedrigt werden.«
3. Schließlich wendet er sich auch an den Gastgeber. Er hat anscheinend schon versagt, weil er nicht eingegriffen hat, als die Gäste sich selbst die besten Plätze gesucht haben. Aber er gibt ihm noch eine andere Regel mit: Lade nicht bloß immer die ein, die dich auch wieder einladen. Sonst bleibt alles beim alten: Die Reichen bleiben unter sich, und die Armen bleiben unter sich, die Hochwohlgeborenen und die einfachen Leute.

Zugleich wird Jesus aber diese ganze Geschichte auch noch zum Gleichnis. Sie macht ihm klar, wie eigentlich rechtes Verhalten vor Gott und untereinander aussehen könnte:

1. Mit seiner offenen Kritik macht er einen Wesenszug Gottes deutlich: Die Wahrheit macht frei – und sie darf nicht verschwiegen werden. Und wenn mich irgend jemand ärgert, dann muß ich es ihm sagen und keinem anderen. Nur dann gebe ich ihm überhaupt eine Möglichkeit, sich zu bessern. Jesus macht deutlich: Wenn ich einen anderen auf einen Fehler hinweise, dann liegt mir auch daran, daß er sich bessert oder ändert. Umgekehrt gilt: Wer nicht mit anderen redet, sondern nur hinten-

rum über andere schimpft, der hat sie im Grund schon aufgegeben und traut ihnen gar keinen guten Willen mehr zu. Offen Kritik zu üben, kostet Überwindung und Mut. Hintenherum zu schimpfen ist feige und falsch.

2. Das Wort »Wer sich selbst erhöht, wird erniedrigt werden ...« kommt bei Jesus öfter vor. Gott ist es, der einlädt. Und niemand kann sich vor ihm größer machen als er ist. Die Plätze vergibt Gott, keiner sonst.
3. Der Tip, den er dem Gastgeber mitgibt, entspringt derselben Überzeugung: Bei Gott gibt es kein Leistungsdenken. Bei Gott geht es nicht nach dem Motto: Gibst du mir, dann geb ich dir. Eine Hand wäscht die andere.
   Gott ist einer, der sich mit Vorliebe um Menschen kümmert, die immer zu kurz kommen und auf der Schattenseite stehen. Gott tut auch oft Dinge, von denen er anscheinend nichts hat.
   »Mach's genauso«, sagt Jesus. »Denk nicht bloß an dein eigenes Vorwärtskommen, deine Karriere, deine Beziehungen. Frag nicht andauernd danach, was es bringt und was du davon hast. Handle absichtslos, ohne Druck und Verpflichtung, sondern aus Freude und Güte heraus: Dann machst du es richtig, und dann hast du bei Gott einen Stein im Brett.«

Wie die ganze Geschichte ausgegangen ist, wissen wir nicht. Es steht nicht da, wie die Leute auf die offene Kritik von Jesus reagiert haben. Es steht nicht da, ob die Gäste sich die Mahnung zur Demut und Bescheidenheit zu Herzen genommen haben. Es steht nicht da, ob der Gastgeber das nächstemal die eingeladen hat, die diesmal nur Zaungäste waren. Es steht auch nicht da, was wir selber aus all dem für uns machen. Das steht nämlich auf einem anderen Blatt.

23. Sonntag im Jahreskreis

Phlm 9b–10.12–17

Es hört sich zunächst fast so an, als wäre der Brief an Philemon ein Privatbrief des Paulus. Warum sollte es für andere Leute und andere Gemeinden interessant sein, was da mit diesem Onesimus war, warum er anscheinend Krach mit Philemon hatte? Ich glaube aber, daß es einen Grund geben muß, warum dieser Brief im Neuen Testament gelandet ist und als Heilige Schrift gilt – bis heute.
Was war der Grund für diesen Brief? Offensichtlich hatte Paulus den reichen Gutsherrn Philemon für den Glauben an Jesus Christus gewonnen. Wahrscheinlich hatte Philemon sein Haus in Kolossä. Und wie es damals üblich war, hat er sicherlich sein Haus auch der kleinen Christengemeinde für die Gottesdienste zur Verfügung gestellt. Mit dem Apostel Paulus verbinden ihn freundschaftliche Beziehungen. Paulus ist inzwischen weitergereist und sitzt in Ephesus wegen seiner Predigten in Untersuchungshaft. Da taucht eines Tages Onesimus auf, ein Sklave des Philemon. Er hat Paulus während seines Aufenthaltes in Kolossä kennengelernt. Jetzt ist er zu Paulus geflüchtet, weil er seinem Herrn Philemon davongelaufen ist und auch noch einen Geldbetrag hat mitgehen lassen. Er hilft dem Paulus während seiner Gefangenschaft mit kleinen Diensten. Dafür gibt ihm Paulus Religionsunterricht – und er tauft ihn.
Die Taufe des Onesimus ist dann für Paulus auch Grund genug, ihn wieder zu Philemon zurückzuschicken. Und damit dem Onesimus daheim nicht kurzer Prozeß gemacht wird, gibt er ihm diesen Brief an Philemon mit. Darin bittet Paulus nicht nur um gutes Wetter für Onesimus. Er bittet um viel mehr. Er bittet Philemon darum, mit seinem Glauben Ernst zu machen.
Kurz gesagt, schreibt Paulus dem Philemon folgendes: Du

bist getauft – und er ist getauft. Also seid ihr durch die Taufe Brüder geworden. Und ich bin dein Bruder und sein Bruder aufgrund unseres gemeinsamen Glaubens. Das verbindet uns und euch. Die Taufe von Onesimus ändert zwar nichts daran, daß du sein Herr bist und er dein Sklave ist. Aber du hast mehrere Möglichkeiten, wie du nun damit umgehen kannst, daß Onesimus dein Bruder geworden ist:
Auf alle Fälle sollst du ihn als Bruder aufnehmen – so wie du mich aufnehmen würdest. Wenn Onesimus weiter für dich arbeiten soll, dann sollst du ihn auch wie einen Bruder behandeln. Denn er gehört ja jetzt nicht nur als Sklave zu deinem Personal. Er gehört auch als Gleicher unter Gleichen zu eurer christlichen Hausgemeinde. Er ist genauso Kind Gottes wie du und ihr. Er geht genauso zum Tisch des Herrn wie du und ihr. Darum geht es nicht, ihn nach dem Gottesdienst, bei der Arbeit wie den letzten Dreck zu behandeln.
Andere Möglichkeit: Du kannst ihn ja auch offiziell freilassen und wieder zu mir zurückschicken. Ich könnte ihn nämlich gut gebrauchen, solange ich im Gefängnis bin. – Paulus deutet das vorsichtig an. Aber er will Philemon nicht zwingen, sondern ihm die Freiheit lassen. Auch dieses Verhalten wäre eine Konsequenz, die sich aus dem Evangelium und aus dem gemeinsamen Glauben ergibt.
Was mich an diesem Fall Onesimus und an dem Brief an Philemon fasziniert, ist der starke Glaube des Paulus an die Wirksamkeit der Taufe. Keine Sekunde lang zweifelt Paulus daran, daß die Taufe eine Ebene schafft, auf der sich Philemon und Onesimus wieder begegnen können. Eine Ebene, die Herrn und Sklaven zueinanderbringen kann. Eine Ebene, auf der sie sich – trotz aller äußeren Standesunterschiede – als Brüder treffen können. Eine Ebene, die Trennungen überbrücken kann.
Der Satz »Wir beide sind getauft« verbindet Philemon und Onesimus viel mehr als alle anderen Sätze, die ihre Verschiedenheit ausdrücken. Die Verschiedenheit von reich

und arm, von Freiheit und Sklave sein, von ehrlich und kriminell wird überbrückt von dem Satz: Aber wir sind beide getauft. Wir haben beide – unabhängig voneinander – vor Gott ein neues Leben anfangen dürfen. Darum können wir es auch miteinander wieder neu versuchen.
Von dieser Macht der Taufe ist Paulus überzeugt. Und ich glaube, darum hat auch die junge Kirche diesen Fall Onesimus und den Brief nicht nur als Privatangelegenheit zwischen Paulus und Philemon verstanden. Die ersten Christen haben genau erkannt, daß Taufbewußtsein und entsprechende Konsequenzen daraus etwas so wichtiges sind, daß es jede Christin und jeden Christen angeht. Und deswegen steht dieser Brief im Neuen Testament.
Auch ich bin davon überzeugt, daß die eine Taufe das Band der Gemeinschaft zwischen Menschen sein kann. Aber das Bewußtsein, Getaufte zu sein, Schwestern und Brüder zu sein, Kinder des einen Gottes zu sein – das fehlt uns in gewissem Maße.
Wir sehen halt doch viel lieber und öfter auf die Unterschiede als auf die Gemeinsamkeiten. Dabei hätte ein solches Taufbewußtsein, wie es Paulus bei Onesimus und Philemon voraussetzt, wirklich ungeheure Kraft. Es hätte die Kraft, zu verbinden, was getrennt ist. Es hätte die Kraft, uns neu zu einer wirklich christlichen Gemeinde wachsen zu lassen. Es hätte die Kraft, Konfessionen zu verbinden. Es hätte die Kraft, Menschen aus allen Nationen eine neue, übernationale Identität zu geben. Es hätte die Kraft, genau das zu bewirken, was Paulus an mehreren Stellen seiner Briefe schreibt: daß wir nicht mehr darauf schauen würden, ob wir Juden oder Griechen, Sklaven oder Freie, Männer oder Frauen, Arme oder Reiche, Schwarze oder Weiße oder was sonst noch alles sind. Sondern daß für uns an erster Stelle zählt: Wir sind Getaufte. Ein solches Taufbewußtsein würde unser Augenmerk nicht auf Leistung oder Versagen richten, nicht auf Abstammung, Lebensgeschichte oder Herkunft. Sondern wir würden auf etwas schauen, wofür

wir letztlich gar nichts können: auf das Geschenk, von Gott als Kinder angenommen zu sein.
Dann gäbe es nicht länger Parolen wie: Ich bin stolz, ein Deutscher zu sein. Für so einen Stolz sollten Christen sich schämen. Aber wir dürfen stolz und überzeugt sagen: Wir sind Gottes Kinder und Gottes Volk. Darum bin ich stolz, ein Getaufter zu sein!

24. Sonntag in Jahreskreis

Lk 15, 1–10

Da in diesem Lesejahr das Gleichnis vom barmherzigen Vater schon einmal am 4. Fastensonntag gelesen wurde, beschränke ich mich heute auf die beiden vorangehenden kleinen Parabeln vom verlorenen Schaf und von der verlorenen Drachme.

Es gibt bekanntlich drei Gleichnisse Jesu, die vom Verlieren und Wiederfinden handeln. Die bekannteste Geschichte ist die vom verlorenen Sohn und vom barmherzigen Vater. Genauso bekannt ist das Gleichnis vom verlorenen Schaf. Beide sind auch oft in der Kunst dargestellt worden. Beide haben unser Bild von Gott entscheidend mitgeprägt: Gott als der barnherzige Vater und als der Gute Hirt.
Aber Gott als Hausfrau? – Seltsam, daß wir Gott nie als Hausfrau betrachten. Darauf sind wir noch nicht gekommen. Manche finden es vielleicht sogar unangebracht, so von Gott zu reden. Aber ist es nicht gut, daß Jesus selber in diesem Gleichnis auch einmal die weibliche, mütterliche Seite Gottes zur Sprache bringt?
»Wenn eine Frau zehn Drachmen hat und eine davon verliert...« Zehn Drachmen sind ihr ganzer Besitz. Vermutlich ihre Aussteuer. Jedenfalls mehr als ihr Haushaltsgeld. Zehn Drachmen sind etwa tausend Mark wert. Sie hat also keine Kleinigkeit verloren, nicht bloß einen Groschen – vom Erinnerungswert ganz zu schweigen. So sucht sie danach. Ihr Haus wird ein einziger Raum gewesen sein: Eß-, Wohn- und Schlafraum für die ganze Familie, womöglich noch für die Tiere. Die Tür läßt nur wenig Licht herein, der Boden aus gestampftem Lehm ist uneben. Eigentlich mehr ein finsteres Loch als eine gute Stube. Und nun erzählt Jesus von der großen Energie und Anstrengung dieser Frau. Sie zündet ein Licht an und leuchtet in alle Ecken, sie schaut genau hin.

Sie kehrt den Boden und ruht nicht eher, bis sie das Verlorene gefunden hat. Was sie tut, ist selbstverständlich. Wer von uns würde nicht auch suchen, wenn er einen Hundertmarkschein vermißt?
Noch mehr überrascht das, was dann kommt. »Sie ruft ihre Freundinnen und Nachbarinnen zusammen und sagt: Freut euch mit mir!« Und sie feiern ein Straßenfest, ein Freudenfest über das Wiedergefundene. Ist das aber nicht zuviel des Guten? Jetzt muß sie für die Bewirtung der Freundinnen mehr ausgeben als die hundert Mark, die sie verloren und wiedergefunden hat!
Ja – so ist das! Hier schimmert schon durch, worauf Jesus hinauswill: »Ebenso herrscht auch bei den Engeln Gottes Freude über einen einzigen Sünder, der umkehrt.«
Im Straßenfest der Frauen spiegelt sich schon das himmlische Fest. Gott selbst freut sich so über einen verlorenen Menschen, den er wiedergefundenen hat.
Wenn wir dieses Gleichnis hören, könnten wir uns einmal in die Drachme hineinversetzen. Ich gehöre zu Gottes Schatz. Er schätzt mich. Aber ich liege im Dunkel, im Staub, vereinzelt. Ich bin stumm vor Gott und hilflos. Wie diese Drachme. Das »finstere Loch«, in dem ich bin, ist Ausdruck meiner Lebenslage – selbst wenn es mir persönlich noch ganz gut geht. Denn unser Leben ist bedroht. Die Zukunft ist voller Dunkel. Es macht mir Angst, wenn ich manche Entwicklungen unserer Zeit weiterdenke in die Zukunft... In dieser Situation, als verlorene Drachme, höre ich das Gleichnis: Ich schaue auf zu der Frau, ich finde darin ausgedrückt, wie Gott zu den Menschen, zu mir steht: Er beruhigt sich nicht, wenn die Welt zum Teufel geht und ich verlorengehe. Er interessiert sich, er sucht. Und wenn er uns für das neue Leben gewonnen hat, so freut er sich. Er freut sich über uns und mit uns.
Ich möchte Ihnen zum Schluß noch eine Geschichte erzählen, die mir passiert ist und die mir zum Gleichnis für Gott geworden ist:

Mein Terminkalender war weg. Einfach verschwunden. Ich bin fast verzweifelt. Ich habe alle Leute angerufen, bei denen ich am Tag vorher war. Nichts. Sämtliche Taschen habe ich durchsucht. Auch nichts. Im Auto – nichts. Dadurch ist mir erst mal bewußt geworden, wie wichtig dieser Kalender für mich ist. Alle Absprachen stehen da drin, die ich getroffen habe. Alle wichtigen Geburtstage, Adressen, Telefonnummern, Notizen, Ideen und Dinge, die ich auf keinen Fall vergessen darf. All das ist weg – eine ganze Welt an Beziehungen zu Menschen ist verloren.
Dann habe ich mich hingesetzt und in Ruhe überlegt. Was habe ich gestern in welcher Reihenfolge gemacht? Wo könnte ich den Kalender hingelegt haben? Und ich bin draufgekommen. In meiner Zerstreutheit habe ich ihn beim Telefonieren in die falsche Schreibtischschublade gelegt. Und dort, wo er eigentlich gar nicht hingehört, habe ich ihn gefunden.
Außer einem heilsamen Schrecken hat mir dieses Mißgeschick gerade solche Gleichnisse von Jesus viel nähergebracht. Ich verstehe es jetzt besser, daß Jesus in dieser Weise erzählt, wie Gott verlorengegangenen Menschen nachgeht. Gott sucht genauso hartnäckig wie der Hirt sein verlorenes Schaf, wie die Frau ihre Aussteuer, wie ich meinen verschlampten Terminkalender. Dieser Kalender ist mir seitdem noch viel wertvoller. Ich weiß um seine Bedeutung für mich. Und ich passe seitdem gut auf, daß er immer da ist, wo er hingehört.
Wieviel wertvoller bin dann ich erst für Gott, wenn er mich so hartnäckig sucht! Und ich kann mir vorstellen: Wenn er mich findet – womöglich dort, wo ich gar nicht hingehöre –, dann paßt er auf, daß ich nicht mehr verlorengehe. Und dann freut er sich genauso, wie ich mich über meinen wiedergefundenen Terminkalender gefreut habe.

(Der erste Teil der Predigt findet sich in: Günter Lange, Der Vater Jesu Christi als Hausfrau, Kat. Bl. 5/89, S. 311–313.)

25. Sonntag im Jahreskreis

Am 8,4–7

Beim ersten Hinhören könnten wir leicht meinen, wir seien gar nicht mit diesem Wort gemeint. »Hört dieses Wort, die ihr die Schwachen verfolgt und die Armen im Land unterdrückt.« Ich nehme stark an, daß keiner von uns, der jetzt hier in der Kirche sitzt, ein Verfolger von Schwachen oder ein Unterdrücker von Armen ist.
Trotzdem glaube ich, daß dieses Prophetenwort auch heute noch aktuell ist. Denn das, was Amos da anprangert, gibt es immer noch: Wucher, Kredithaie, Preistreiber, Spekulanten, Wirtschaftskriminalität. In Ländern wie Lateinamerika oder Südafrika geht es in dieser Hinsicht heute noch genauso zu wie zur Zeit des Amos in Samaria:
Eine kleine, aber schwerreiche Oberschicht genießt das Leben in vollen Zügen auf Kosten der Armen, die immer ärmer werden. Und das Schlimme ist: Diese Leute haben nicht nur das große Geld, sondern auch die Macht. Sie haben so viel Einfluß, daß die Gesetze auf ihre Seite sind, und wo es nicht so ist, helfen sie selber nach – auch mit Gewalt.
Was noch schlimmer ist: Das alles geschieht unter dem Deckmantel der Religion. Die äußerlich praktizierte Frömmigkeit soll den Dreck am Stecken wegpolieren und die Weste wieder weißwaschen. Deswegen hält man die Feiertage ein, wie es sich gehört, nimmt an Gottesdiensten teil und an den vorgeschriebenen Wallfahrten. Aber innen, im Herzen, hält man das alles längst für überflüssig oder sogar hinderlich.
»Hoffentlich sind diese Feiertage bald vorbei, wir wollen wieder Getreide verkaufen. Hoffentlich ist der Sabbat bald rum, damit's wieder kräftig ans Verdienen geht: Wenn wir die Preise erhöhen und falsche Gewichte verwenden, dann machen wir auch noch Dreck zu Geld.«

Dieses Wort galt damals den Großgrundbesitzern von Samaria. Und es gilt heute in erster Linie auch diesem Menschenschlag, den wir überall auf der Welt finden. Aber er gilt auch uns. Denn inzwischen wissen wir um die Zusammenhänge im Welthandel und darum, daß auch heute noch so himmelschreiendes Unrecht auf Kosten der Armen geschieht. Wir wissen darum, daß wir durch unser Verhalten beim Einkauf solche Strukturen unterstützen oder boykottieren können. Wir wissen darum, daß auch heute noch Konzerne Dreck zu Geld machen, wenn z. B. radioaktiv verseuchtes Milchpulver in die Dritte Welt verkauft wird. Wir wissen, daß wir durch unser Verhalten als Wähler Einfluß darauf nehmen können, ob wir durch die von uns gewählte Regierung weiterhin solche Staaten wirtschaftlich unterstützen oder nicht.
Und weil wir darum wissen, können wir nicht mehr die Augen zumachen, sondern sind mitverantwortlich.
Unversehens führt uns dieses Wort des Propheten Amos vor die Frage, welche praktischen Auswirkungen denn unsere Religion tatsächlich hat; ob wir auch nur zu denen gehören, die zwar am Sonntag den Gottesdienst mitfeiern, aber froh sind, wenn wir endlich wieder aus der Kirche rauskönnen, um unseren eigenen Geschäften nachzugehen.
Amos stellt auch uns vor die Frage, ob es uns ernst ist mit unserem Glauben oder ob es nur fromme Heuchelei ist, was wir tun.
Die Zeiten sind noch gar nicht so lange vorbei, als am Sonntag auf der Orgelempore die Viehpreise ausgehandelt worden sind oder Karten gespielt wurde.
Und ich bin sicher, daß mancher Gottesdienstbesucher im stillen ähnliches denkt, wie es Amos formuliert: »Hoffentlich ist die Kirche bald aus, damit wir zum Frühschoppen können.« »Hoffentlich predigt er heute nicht so lange, damit wir rechtzeitig zur Fußballübertragung wieder daheim sind.«

Und ich frage mich manchmal, ob nicht nur Unternehmer, sondern auch viele Arbeitnehmer für die Sonntagsarbeit sind, weil der Sonntag sowieso der langweiligste Tag in der Woche ist. Man könnte ja noch viel mehr Geld verdienen ...
Das Prophetenwort des Amos ist eine Warnung vor der frommen Heuchelei. »Gott vergißt es nicht«, sagt er, »wenn jemand nur schöne, fromme Worte macht, aber keine entsprechenden Taten folgen läßt. Gott vergißt es nicht, wenn jemand im Alltag das genaue Gegenteil von dem tut, was er am Sonntag im Gottesdienst bekennt und feiert.«
Egal, ob ich nur an meinen persönlichen Vorteil denke oder auch noch auf Kosten Schwächerer versuche, weiterzukommen oder es besser zu haben: Religion ist nicht dazu da, all dem ein sauberes Mäntelchen zu verpassen.
Amos war unter den Propheten derjenige, der am eindringlichsten darauf aufmerksam gemacht hat, daß er auf Opfer und schöne Gottesdienste verzichten kann, wenn es dem Menschen dadurch nicht bessergehe. Gott kann auf Beteuerungen verzichten, wie gut und gerecht er ist, wenn dem Menschen keine Güte und Gerechtigkeit widerfährt.
Und diese prophetische Kritik des Amos ist heute noch aktuell.

26. Sonntag im Jahreskreis

Am 6,1 a.4–7

Eigentlich ist es seltsam: An vielen Stellen der Bibel und besonders im Alten Testament wird das Leben bei Gott geschildert wie ein großes, festliches Mahl, das kein Ende nimmt. Wie eine einzige, gewaltige Hochzeitsfeier, zu der alle Menschen eingeladen sind; wo jeder einen Platz hat, wo sich die Tische biegen mit Essen und Trinken, wo gesungen und getanzt wird und sich niemand mehr Sorgen zu machen braucht.
Auch in der heutigen Lesung wird so eine Szene beschrieben: Luxus, wohin man schaut. Essen und Trinken vom Feinsten und im Überfluß. Ausgelassenheit und Sorglosigkeit. Aber es ist nicht das Leben bei Gott, das hier beschrieben wird, sondern ein Leben ohne Gott. Und darum macht der Prophet Amos zwei dicke rote Striche durch dieses Bild und sagt: »Damit muß Schluß sein.«
Dazu ist es noch zu früh. Denn hier feiern ein paar wenige auf Kosten vieler anderer. Hier kaufen sich ein paar wenige das Paradies auf Erden und verursachen damit den Hunger, die Not und Armut so vieler anderer. Hier handeln Menschen nach dem Motto: Nach mir die Sintflut. Was kümmert's mich, wenn's anderen dreckiggeht? Hauptsache, mir geht's gut!
Aber das Leben ist keine Insel. Ich kann mich nicht heraushalten und sagen: Mich geht das alles nichts an, soll jeder selber sehen, wie er klarkommt. Uns heutigen Menschen ist das in den vergangenen Jahren deutlich bewußt gemacht worden. Wir leben als einzelne, als Volk, als Kontinent nicht isoliert von allen anderen auf der Welt. Und was wir tun oder lassen, das wirkt sich bis in die entferntesten Winkel der Erde aus. Ob wir Gift in die Luft blasen und bei uns der Wald stirbt, ist nicht nur unsere Sache. Und wenn im-

mer noch Leute Treibgas versprühen und das Ozonloch vergrößern, dann ist das nicht bloß deren Privatsache, sondern geht alle an. Und wenn am Amazonas der Regenwald abgeholzt und abgebrannt wird, dann hat das Auswirkungen auf das Klima der ganzen Erde. Heute sind alle Menschen durch vielfältige politische, wirtschaftliche, ökologische und ökonomische Fäden miteinander verbunden.
Wir wissen inzwischen, was Sorglosigkeit und Unbekümmertheit im Umgang mit dem Wasser, mit der Luft, mit der Nahrung und mit den Rohstoffen bedeuten. Wir wissen, daß wir – so gesehen – auch zu den wenigen Prozent der Weltbevölkerung gehören, die das meiste für sich verbrauchen; wie die Oberschicht von Samaria, die Amos mit seiner Rede anprangert.
Wenn Amos heute leben würde, dann könnte er vielleicht so sprechen: »Weh euch, ihr Sorglosen in den Industrienationen und ihr Selbstsicheren in den Wirtschaftsetagen und Parlamenten! Ihr umgebt euch mit tropischen Hölzern und kleidet euch in die Felle bedrohter Tiere. Ihr holt das Fleisch für eure Hamburger und Big Mac's aus den Rinderherden von Argentinien und mästet euer Vieh mit Soja aus Brasilien. Ohne Bedenken eßt ihr Obst aus Südafrika und trinkt den Kaffee der Großkonzerne, weil er so billig ist. Das Beste ist euch gerade gut genug, und ihr sorgt euch nicht um die Ausbeutung ganzer Völker und um die Vergiftung der Erde. Aber damit ist Schluß. Denn wenn ihr so weitermacht, steuert ihr in die Katastrophe.«
Amos lebt heute nicht. Aber Propheten, die uns solche Mahnungen entgegenhalten, gibt es genug. Sie heißen heute vielleicht Greenpeace und Amnesty International, Missio oder Adveniat, Club of Rome oder Carl Friedrich von Weizsäcker. Sie stoßen uns immer wieder auf unsere Verantwortung für die gesamte Welt. Sie wollen uns nachdenklich machen über unser Verhalten.
Sicher: Was kann ich denn als einzelner schon groß tun?

Was bringt es denn, wenn ich bewußter lebe, einkaufe und verbrauche?
Ich denke, es gilt der Satz: Wenn viele kleine Leute in vielen kleinen Orten viele kleine Dinge tun, können sie das Gesicht der Welt verändern.
Wir werden zwar nicht das Paradies auf Erden erreichen. Das kann auch keine noch so gute Wirtschaftsordnung und Politik schaffen. Aber wir wissen, daß unsere Erde imstande ist, alle Menschen zu ernähren und allen ein menschenwürdiges Leben zu ermöglichen. Doch das geht nur, wenn nicht einige wenige für sich allein paradiesische Zustände wollen und die anderen dabei übersehen oder gar ausnutzen. Das geht nur, wenn Solidarität, Verzicht und Teilen unsere neuen Tugenden werden.
Das meint auch Jesus, wenn er im Evangelium vom reichen Mann und vom armen Lazarus erzählt. Und wenn Jesus dabei die endgültige Gerechtigkeit auf das Leben nach dem Tod verlegt, dann nicht, weil er uns auf ein besseres Jenseits vertrösten will, sondern weil er klarmachen möchte: »Gott will für alle Menschen das Leben – und zwar auch schon *vor* dem Tod!«

27. Sonntag im Jahreskreis

Lk 17, 7–10

Das Wort »Pflicht und Schuldigkeit« hören wir nicht gern. Wir betonen viel lieber unsere Rechte. Vielleicht ist auch zu lange immer nur von Pflichten die Rede gewesen. Wir kennen die Amts-, die Anwesenheits-, die Aufsichts- und die Wehrpflicht. Es gibt für Kinder schon die Schulpflicht, die Dienst- und die Sonntagspflicht.

Die Geistlichen haben den Pflichtzölibat und die Verheirateten ihre ehelichen Pflichten zu erfüllen. Und in der Todesanzeige heißt es dann vielleicht einmal: gestorben nach einem pflichterfüllten Leben. Zu viele Pflichten – und zu wenig Rechte?

Ich finde es jedenfalls gut, daß Jesus mehr von »Schuldigkeit« spricht. Es gibt Pflichten, die schulde ich anderen: meinem Ehepartner, meinen Kindern, Verwandten und Freunden, vielleicht sogar einer Gemeinde – ob politisch oder kirchlich, einer Institution wie dem Kindergarten oder einem Verein, der Schule, der Kirche.

Wenn Jesus hier von Schuldigkeit spricht, dann meint er nicht die Pflichten gegenüber menschlichen Gesetzen, sondern Gott gegenüber.

Trotzdem war es für mich sehr interesssant, im Kirchenrecht nachzuschauen, wozu jeder Christ ab 14 von der *Kirche* verpflichtet ist. Überlegen Sie selbst einmal, ob Sie all diese Pflichten erfüllen ...

Der Christ ist verpflichtet ...

- die Gemeinschaft mit der Kirche zu wahren;
- ein heiliges Leben zu führen und das Wachstum der Kirche zu fördern;
- dazu beitragen, daß das Evangelium mehr und mehr alle Menschen erreicht;

– seine Meinung auch Obrigkeiten gegenüber zu äußern, wenn man glaubt, kompetent zu sein;
– für die Erfordernisse der Kirche Beiträge zu zahlen (Verkündigung und Caritas);
– soziale Gerechtigkeit zu fördern;
– die zeitlichen Dinge aus dem Geist des Evangeliums zu gestalten;
– soweit verheiratet, durch Ehe und Familie dem Aufbau des Reiches Gottes zu dienen;
– die Kinder religiös zu erziehen;
– zu Sonntagspflicht, Freitagsgebot und Beichtpflicht (bei Todsünden).

Viele Christen erfüllen wahrscheinlich schon diese grundlegenden Pflichten nicht – ohne ein schlechtes Gewissen zu haben. Andere tun das alles – und klopfen sich dabei selbstzufrieden auf die Schulter: Was willst du denn? Ich tu doch meine Pflicht.

Recht haben sie – vom Kirchenrecht her gesehen. Aber die Kirche kann nur Minimalforderungen festlegen, das, was zumindest alle tun müssen, die zu ihr gehören. Aber macht das schon Christsein aus?

Ein Verein, der nur aus beitragszahlenden Mitgliedern besteht, die auch zu den Versammlungen kommen und den Verein nicht schädigen, der besteht. Aber er lebt nicht. Die Mitglieder sind un-nütz. Sie schaden nicht, aber sie nützen auch nicht.

Genauso ist es mit einer Kirche, die nur aus kirchensteuerzahlenden Mitgliedern besteht, die gerade noch dann und wann zum Gottesdienst gehen, die aber sonst nichts tun. Sie schaden der Kirche nicht – aber sie nützen ihr auch nicht.

Leben entsteht erst dort, wo einer bereit ist, *mehr* zu tun. Das ist wie beim Sport. Da gibt es die Pflicht und die Kür. Wenn Sportler nur das Pflichtprogramm leisten, dann ist das schnell langweilig und immer gleich. Erst die Kür macht das Ganze lebendig, begeisternd, spritzig und ideenreich.

Und so, denke ich, ist es auch in der Kirche. Die Pflicht ist für jeden gleich. Die Kür – das ist das, was Gott von jedem und jeder obendrein verlangt. Wozu er unsere Begabungen geschenkt hat. Auf diese Weise kann – wie beim Sport – auch die Kür zur Pflicht werden.
Fehlt die Kür, dann wirkt alles lustlos, starr, langweilig und wenig attraktiv. Das ist dann Dienst nach Vorschrift, keiner macht mehr, als er muß.
Fehlt dagegen die Pflicht, dann besteht die Gefahr, daß Wesentliches ungetan bleibt. Darum muß ich mich immer zuerst fragen, ob ich überhaupt schon meine grundlegende Pflicht erfüllt habe.
Sonst betreibe ich vielleicht Vereinsarbeit auf Kosten meiner Familie. Sonst arbeite ich vielleicht auf Kosten der Kinder. Sonst stürze ich mich in Aktionen auf Kosten von Gebet und Stille...
Erst dann, wenn ich all diese Pflichten erfülle, so gut es mir möglich ist, kann ich mich öffnen und Gott fragen: Und was willst du, daß ich als Kür tue? Da ist mein Gewissen gefragt und genaues Hinhören, was Gott von *mir* will.
Ich kann nicht allgemein von der Kirche verpflichtet werden,
– die Frau von gegenüber im Krankenhaus zu besuchen;
– soundsoviel für Caritas oder Mission zu spenden;
– fürs Pfarrfest einen Kuchen zu backen;
– mir zum fünfzigsten Mal dieselben Geschichten von Krankheit und Krieg anzuhören;
– mich als Kandidat oder Kandidatin für den Pfarrgemeinderat aufstellen zu lassen;
– Lektor, Wortgottesdienstleiter oder Kommunionhelfer zu machen.
Ich kann freilich sagen: Das sollen die anderen machen. Ich tue ja schon meine Pflicht. Aber kann es nicht meine Pflicht sein, darüber hinaus noch etwas zu tun, weil Gott das von mir will?
Freilich, für manchen Christen wäre es gut, überhaupt erst

einmal das zu tun, was die Kirche in ihrem Kirchenrecht stehen hat.
Für andere, die sich mit diesen Pflichten leichter tun, ist es vielleicht jetzt an der Zeit, einmal zu überlegen: Hat Gott nicht mehr für mich auf Lager? Oder – wie Jesus es sagt: Haben wir eigentlich schon alles getan, was uns von Gott aufgetragen wurde?
Auf einer Spruchkarte habe ich folgenden Satz gefunden, der mir sehr gut hierherzupassen scheint: Man sollte immer ein wenig mehr tun, als man glaubt tun zu können.

28. Sonntag im Jahreskreis

2 Kön 5, 14–17

Ich stelle mir vor, diese Geschichte hätte sich heute, in unseren Tagen ereignet. Wahrscheinlich wären die Zeitungen voll davon. Die Schlagzeilen melden: Syrischer General wie durch ein Wunder vom Aussatz geheilt! Mediziner stehen vor einem Rätsel. Die Fachwelt steht kopf! Angesehenes Forschungsinstitut entnimmt Proben vom Jordanwasser zur Untersuchung. Kranke aus aller Welt suchen Heilung im Jordan. Hotels sind dem Pilgerstrom nicht gewachsen. Export von Jordanwasser erreicht neuen Rekord...

Das wäre wahrscheinlich die moderne Reaktion auf diese Begebenheit. Aber sie würde an der Oberfläche bleiben. Naaman dagegen ist durch diese Begegnung zum Wesentlichen vorgedrungen.

In gewisser Weise war Naaman ein moderner Mensch, der uns in seinem Denken und Verhalten recht nahesteht. Als General der syrischen Armee war er gebildet. Sicherlich war er auf dem laufenden, was die wissenschaftlichen Erkenntnisse seiner Zeit betraf. Als er vom Aussatz befallen wird, ist ihm klar, daß diese Krankheit medizinisch nicht heilbar ist. Also tut er etwas, was auch heute viele Leute tun: Er probiert andere Wege aus, um vielleicht doch geheilt zu werden. Es gibt ja genug, was man probieren kann. Man kann sich wundertätige Amulette oder kupferne Reifen mit verborgenen Kräften besorgen. Man kann zum Wahrsager gehen oder zum Geistheiler. Man kann aber auch nach Lourdes, Fatima oder Altötting fahren in der Hoffnung, dort geheilt zu werden.

Die Wahl des Naaman fällt auf Elischa. Der steht im Ruf, ein Gottesmann zu sein. Für Naaman war er vielleicht nichts anderes als ein besonders bekannter und erfolgreicher Zauberer oder Wunderheiler.

Aber er denkt sich: Warum sollte ich es nicht einmal bei ihm probieren? Zu diesem Zeitpunkt befindet er sich auf der untersten Glaubensstufe. Noch sehr zweifelnd und skeptisch – aber er macht sich auf den Weg.

Als er hinkommt, sagt ihm Elischa nur: »Geh, und tauche siebenmal im Jordan unter, dann wirst du rein.« – »Was, mehr nicht? Kein Zauberspruch, keine Beschwörung...?« – »Nein, du brauchst nur siebenmal unterzutauchen.« – Ob das was hilft? Naja, schaden kann es auch nicht. Aber du gehst doch mit, oder?« – »Nein, das kannst du allein. Geh nur und tauche unter!«

So überwindet Naaman seine Skepsis und glaubt dem Wort des Elischa. Damit erreicht er eine weitere Stufe von Glauben. Er glaubt an das Ritual, an die Medizin, an die Methode.

Wir wissen heute, daß diese Art von Glauben für die Heilung wichtig ist. Wenn jemand fest an etwas glaubt, dann wirkt es: ob es ein Gegenstand ist oder eine Tablette. Der Glaube bewirkt, daß es besser wird.

Auf dieser Stufe glaubt Naaman jetzt. Er glaubt dem Elischa, wie ein Patient dem Arzt glaubt. Wenn der Arzt sagt: »Diese Tablette wird Ihnen helfen« – selbst wenn es nur Traubenzucker ist –, dann hilft die Tablette. Sie hilft, weil der Patient daran glaubt. Und wenn Elischa dem Naaman sagt: »Wenn du untertauchst, wirst du rein«, dann geschieht das, weil Naaman daran glaubt. Also geht er und taucht unter und wird tatsächlich rein.

Daraufhin geht er zurück und tut wieder etwas, was heute viele Leute auch tun. Er fragt: »Was kostet das jetzt?«

Er bringt zwar seine Heilung auch irgendwie mit Gott in Verbindung, wenn er sagt: »Ich weiß jetzt, daß es nur in Israel einen Gott gibt. Dein Gott muß ganz schön stark sein, wenn er dir so eine Macht gegeben hat. Aber jetzt sag mir, was du kriegst! Ich will mich irgendwie erkenntlich zeigen. Wenn du keine Bezahlung willst, dann laß dir wenigstens etwas schenken!«

So denken viele. Was nichts kostet, taugt nicht viel. Außerdem will ich nichts schuldig bleiben. Ich will wieder quitt sein mit dir oder mit deinem Gott oder mit euch beiden. Aber Elischa nimmt nichts. Er nimmt nichts für sich, und er sagt auch nicht: »Dann wirf halt was in den Klingelbeutel oder in den Opferstock.« Würde er das tun, dann würde Naaman nie die nächste Stufe des Glaubens erreichen. Die Geschichte würde so ausgehen, wie wir sie heute in den Zeitungen lesen würden: als Sensation oder als modernes Märchen.

So aber versteht Naaman, wie er seinen Dank wirklich ausdrücken kann. Er erkennt, daß hier nicht Zauberei, Menschenwerk oder sonstwas am Werk war. Er erkennt, daß hier Gott wirkte. Und diesem Gott will er dankbar sein. Diesem Gott will er leben – mit ihm und für ihn. Und so erreicht er schließlich den eigentlichen Glauben, der in eine lebendige Beziehung zu Gott findet.

Darum ist diese Geschichte mehr als eine Wundergeschichte. Sie ist eine Glaubensgeschichte. Geschildert werden die Stufen, auf denen ein Mensch zu einem wirklichen und lebendigen Glauben finden kann.

Und wieder stelle ich mir vor, diese Geschichte hätte sich in unserer Zeit ereignet. Vielleicht würde sich ja ein Journalist auch für den Naaman interessieren und ihn um ein Interview bitten. Und zu seiner Überraschung würde Naaman sagen: »Wissen Sie, das Wesentliche an dieser Begebenheit ist für mich nicht allein die Tatsache, daß ich wieder gesund bin. Viel wichtiger ist für mich, daß ich dadurch zum Glauben an Gott gefunden habe. Aber das ist auch nicht mit einem Schlag passiert, sondern das hat seine Zeit gedauert. Der erste Auslöser auf diesem Weg war das Untertauchen. Jetzt im Rückblick erscheint mir das wie eine Art Taufe. Ich bin dadurch rein geworden. Ich bin wieder heil geworden und habe neue Lebensmöglichkeiten bekommen. Das zweite, was für mich wichtig war: Ich bin umgekehrt. Ich hätte es einfach nicht fertiggebracht, sofort in meine

Heimat zu gehen. Also bin ich umgekehrt. Und auch das in doppelter Bedeutung. Ich habe kehrtgemacht auf meinem Reiseweg. Und ich habe hier auch die eigentliche Kehrtwendung in meinem Leben vollzogen. Irgendwie hatte ich da schon so eine Ahnung, daß das alles mit Gott zusammenhängt. Aber dieser Gott war mir noch ziemlich gleichgültig.

Erst langsam hat es bei mir dann gedämmert: Wenn das wirklich Gott war, der dich gesundgemacht hat, dann kannst du dich da nicht mit ein paar Geschenken aus der Affäre ziehen. Dann will dieser Gott mehr als nur ein paar gestiftete Kerzen oder eine einmalige Spende. Dann will dieser Gott dich!

Und darum habe ich dann ein paar Kubikmeter Boden mitgenommen. Mir war klar, daß ich durch diese Begebenheit eine neue Lebensgrundlage gefunden habe. Ich stehe jetzt wirklich auf dem Boden des Glaubens. Und deswegen habe ich nicht wundertätiges Jordanwasser mitgenommen. Das Wasser ist es nicht, was Menschen heil macht und verändert. Es ist Gott. Durch ihn habe ich wieder Boden unter die Füße bekommen. Daran erninnert mich der Boden, den ich symbolisch mitgenommen habe: Mein Leben hat eine neue Grundlage: den Glauben an Gott.«

Der Journalist hörte sich diese Erzählung des Naaman an und schrieb auch eifrig mit. Aber dann dachte er: Für meine Leser ist das nichts. Das entbehrt doch jeglicher Tatsachen. Wen interessiert denn, ob dieser Mann jetzt gläubig ist oder nicht? Deshalb brachte seine Zeitung dieses Interview nicht. Und auch, als einmal zehn Aussätzige durch Jesus geheilt worden sind, schwiegen die Nachrichten darüber, daß ein einziger gläubig geworden war.

29. Sonntag im Jahreskreis

Lk 18, 1–8

Beten sollen wir und nicht darin nachlassen. Beten – was meint Jesus damit? Möglichst viele vorgefertigte Gebete aufsagen? Jeden Tag ein möglichst großes Pensum erledigen? Eine Pflicht erfüllen? Eine Leistung bringen, damit Gott zufrieden ist?

Ich glaube, Beten ist für Jesus etwas ganz anderes. Beten heißt nicht, etwas *tun*, sondern etwas *sein*. Beten heißt für ihn: immer wieder in Beziehung zu Gott treten. Beten, das heißt mit Gott reden und auf Gott hören, auf ihn schauen und mich von ihm durch-schauen lassen. Vor ihm da-sein und für ihn da-sein.

Beten – das ist wie eine Schleife binden zwischen Gott und mir. Eine Verbindung herstellen.

Die Frage ist aber: Will ich die Verbindung herstellen?

- Wenn ich einen Menschen unbedingt sprechen will, dann werde ich immer und immer wieder seine Nummer wählen, auch wenn besetzt ist oder wenn niemand abhebt, so lange, bis ich ihn erreicht und mein Anliegen vorgebracht habe. Wenn ich aber gar kein Anliegen habe, werde ich es bei einem Versuch bewenden lassen.
- Wenn mir ein Mensch wichtig geworden ist, wenn eine Ver-bindung entstanden ist, dann werde ich auch alles daransetzen, daß diese Verbindung bestehen bleibt und nicht abreißt: Ich werde das Gespräch suchen. Und wenn ich mit diesem Menschen nicht direkt reden kann, dann werde ich es über Briefe oder das Telefon versuchen.

  Wenn mir aber der Mensch gar nicht mehr wichtig ist, wird die Verbindung einschlafen und das Gespräch aufhören. Und auch das wissen wir aus eigenem Erleben: Wenn das Gespräch aufhört zwischen Menschen, wenn die Leitung tot ist, dann ist auch bald die Beziehung tot.

Wenn Ehepartner oder Freunde einander nichts mehr zu sagen haben, dann ist das Ende abzusehen.

Betet – und laßt darin nicht nach wie die Witwe, die nicht locker läßt, bis sie ihr Recht bekommen hat. Ja, die Witwe hatte ein Anliegen. Die Witwe hat jemanden gebraucht. Ihr war es wichtig, die Verbindung nicht abreißen zu lassen. Deswegen wird sie für Jesus zu einem Vorbild für das Gebet und nicht nur für das Bitt-Gebet. Genauso intensiv kann man auch loben oder danken oder einfach nur da-sein vor Gott.

Ich kann mir vorstellen, daß das für viele Menschen fremd ist. Auch für viele »gute Katholiken«. Nur noch wenige Menschen können wirklich beten:

- Die einen haben nichts mehr zu erbitten. Denn sie machen ja alles selbst.
- Die anderen haben nichts mehr zu loben, höchstens noch sich selbst – und drängen sich dauernd in den Vordergrund.
- Andere haben nichts zu danken, weil sie ja gar nichts geschenkt haben wollen – auch nicht von Gott.
- Und andere haben schließlich einfach keine Zeit zum Beten, weil sie Gott nicht über ihre Zeit verfügen lassen wollen oder weil sie keinen Bedarf haben oder weil für sie Beten nicht notwendig ist.

Und weil viele Menschen nicht mehr beten können, darum können viele auch nicht mehr glauben. Oder ist es umgekehrt? Beten die Leute nicht mehr, weil ihnen der Glaube fehlt?

Beten und Glauben gehören zusammen. Indem ich bete, die Ver-bindung zu Gott herstelle, wächst auch mein Glaube, mein Vertrauen an diesen Gott. Und je mehr dieses Vertrauen wächst, desto mehr werde ich auch wieder das Gespräch und die Nähe zu diesem Gott suchen.

Jetzt steht aber am Ende dieses Evangeliums eine furchtbare Frage Jesu: Wird jedoch der Menschensohn, wenn er kommt, auf der Erde noch Glauben vorfinden:

Glauben in dem Sinn, daß Menschen Gott an-erkennen?
Glauben in dem Sinn, daß Menschen Gott den Herrn sein lassen über ihr Leben?
Glauben in dem Sinn, daß Menschen sich seine Sicht der Welt und seine Pläne zu eigen machen?
Glauben im Sinn von Vertrauen, daß Gott es gut meint mit mir und ich so gelassen und optimistisch leben kann?
Glauben, der Menschen die Kraft gibt, Gott und die Menschen immer mehr kennen- und lieben zu lernen?
Glauben im Sinn von Überzeugung und Weltanschauung?
Glauben, der sich Ausdrucksformen sucht:
in der Feier, im Gebet, im Lob Gottes (Liturgie),
in tätiger Nächstenliebe (Diakonie),
in Gebet und Zeugnis (Martyria), im Bekenntnis zu Gott und zu den Menschen hin?

Wird der Menschensohn, wenn er kommt, auf der Erde noch Glauben vorfinden? Wenn er jetzt käme – was würde er vorfinden?

– Viele Menschen, deren Weltanschauung nicht Gottes Plan ist. Denn Gott will Heil und Leben in Fülle *für alle.* Viele Leute heutzutage wollen das nur für sich. Ihre Weltanschauung ist der Materialismus. *Ich – schaffen – haben – machen – un-abhängig sein.*
– Er würde viele Menschen vorfinden, die gehetzt, gejagt, gestreßt und krank sind, weil sie sich ständig selbst überfordern. Sie dulden keinen Gott mehr über sich. Sie wollen selbst Gott sein, frei und unabhängig. Dafür aber auch bindungslos und ohne Orientierung für das, was wirklich wichtig ist.
– Er würde viele Menschen vorfinden, vor allem Kinder und Jugendliche, die Gott überhaupt nicht kennen, weil er im Leben ihrer Eltern und ihrer Mitmenschen gar keine Rolle mehr spielt. Menschen, für die »Gott« nur ein leeres Wort ohne Bedeutung geworden ist.
– Er würde viele Menschen vorfinden, die keine Zeit mehr

haben, weil sie sich selbst zum Herrn ihrer Zeit gemacht haben. Menschen, die vergessen haben, daß Gott ihnen ihr Leben und ihre Zeit geschenkt hat. Darum sagen sie jetzt: Ich gehe in die Kirche, wenn ich Zeit habe, ich bete, wenn ich Zeit oder Lust habe, ich bestimme selber, wann ich für etwas Zeit habe. *Ich* bin der Maßstab und nicht Gott. Und so macht sich der Mensch auch hier selber zum Herrgott.

Wird der Menschensohn, wenn er kommt, auf der Erde noch Glauben vorfinden? Wird er Menschen vorfinden, die Beter sind? Die die Ver-bindung zu Gott aufrechterhalten? Wird er Menschen vorfinden, die Glaubende sind, die Gott wirklich kennen und an-erkennen und ihr Leben nach seinem Plan ausrichten? Was würde er bei uns selber vorfinden?

Herr, lehre uns beten – damit wir stärker glauben können.

Herr, lehre uns glauben – damit wir besser beten können!

30. Sonntag im Jahreskreis (Weltmission)

Lk 18, 9–14

Die Welt ist nicht so rosig, wie wir sie gern hätten. Sie war es nie. Aber heute, da Fernsehen und andere Massenmedien in Sekundenschnelle Bilder und Meldungen aus allen Teilen der Welt in unsere Wohnungen liefern können, bekommen wir halt auch viel mehr mit als die Menschen in früherer Zeit. Wir erfahren tagtäglich davon, was überall in der Welt geschieht.

Für manche Menschen sind Krankheit und Unglück, Katastrophen, Hunger und Krieg auf der Erde ein Grund, sich von Gott und der Kirche loszusagen. Viele sagen sich: Wenn es einen Gott gäbe, dann würde er das nicht zulassen. Aber weil das alles geschieht, darum kann es keinen Gott geben. Solche Leute sind wenigstens noch betroffen vom Unglück ihres Mitmenschen.

Manch anderer ist da weniger zart besaitet. Man will diese schrecklichen Nachrichten gar nicht mehr hören und blättert weiter, wenn etwas davon in der Zeitung steht. Man schaltet auf einen anderen Kanal um, wenn so was im Fernsehen kommt.

Für wieder andere sind solche Meldungen ein Anlaß, sich dankbar zurückzulehnen und zu sagen: Gott sei Dank, daß es mir nicht so schlecht geht wie den Menschen dort. Gott sei Dank, daß ich nicht dort leben muß!

Und wieder andere sagen: Tja, es ist zwar schlimm, daß es das alles gibt. Aber was wollt ihr denn von mir? Ich kann doch nichts dazu. Ich kann es auch nicht ändern.

So ähnlich betet auch der Pharisäer im Evangelium. Er weiß, daß die Welt unvollkommen ist und daß es viele unvollkommene Menschen gibt. Aber er selbst hat mit der Unvollkommenheit der Welt nichts mehr zu tun. Er läßt sich von der Not der Welt und vom Elend eines Menschen nicht

mehr betreffen. Er läßt sich nicht aus der Ruhe bringen. Er freut sich nur, daß es ihm so gut geht.
Was wäre, wenn alle Christen so beten würden? – Nichts! Denn wer sich nicht bewegen läßt, der kann auch nichts bewegen. Darum geht das Gebet des Pharisäers ins Leere. Es wird nicht erhört. Er fragt nicht, woher manches Unrecht und Unheil kommt. Er fragt nicht, wie man Not und Leid an der Ursache bekämpfen könnte. Er fragt nicht, wieweit er selbst daran mit schuld sein könnte. Sein Almosen dient nicht dazu, anderen Menschen wirklich zu helfen. Es dient nur dazu, daß er selbst vor Gott gut dasteht.
Hinten im Tempel steht ein Be-troffener. Er steht vor demselben Altar und betet zu demselben Gott.
Für mich steht er für die vielen Menschen der Welt, die durch ungerechte Zustände zu Zöllnern und Dirnen, Dieben und Bettlern und Aussätzigen gemacht werden.
Wie viele Mädchen und Jungen werden denn nur deshalb zu Prostituierten in Thailand, weil das Land arm ist und weil der reiche Europäer dort billig den Sextourismus pflegen kann?
Wie viele Kinder werden praktisch zum Diebstahl und zum Rauschgiftdealen gezwungen, weil sie nur auf diese Art überleben können und anders verhungern müßten?
Wie viele Leute sind damals in Israel aus ähnlichen Gründen Zöllner geworden, weil sie sonst keine Existenz gehabt hätten?
Wer gibt uns das Recht, zu beten: Ich danke dir, daß ich nicht so bin wie diese ...?
Der Zöllner im Evangelium betet richtig. Er weiß um seine Unvollkommenheit. Er weiß um die Zustände und Strukturen, die heil-los und menschenfeindlich sind. Er weiß, daß er mitten im Dreck steckt. Trotzdem sucht er Gott. Er weiß, daß er allein nichts ändern kann, daß er sich auch nicht allein am Schopf aus dem Dreck ziehen kann. Aber er weiß auch, daß er nicht alleingelassen ist. Er beginnt sein Gebet richtig: Mit einem Hilferuf! So, wie das Stundengebet

beginnt mit dem Ruf: »O Gott, komm mir zu Hilfe ...« So wie wir den Gottesdienst beginnen mit dem »Herr, erbarme dich!« Wer so betet, der sieht seine eigene Unvollkommenheit. Wer so betet, der bittet Gott, daß er mit der Weltverbesserung bei mir anfängt. Der ist bereit, Gottes Barmherzigkeit und Vergebung für sich selbst zu erbitten. Und ich denke, wer am eigenen Leib erfahren hat, daß Gott ihm hilft, daß Gott ihm vergibt und einen neuen Anfang schenkt – wer das erfahren hat, der wird auch alles dransetzen, daß andere das auch erfahren. Wer sich von Gott verändern läßt, der kann auch versuchen, seine Umwelt und die Lebensbedingungen für die Menschen zu ändern.

Das ist der Unterschied. Die einen sagen: »Es kann keinen Gott geben, weil es so viel Ungerechtigkeit gibt.« Die anderen sagen: »Es gibt zwar viel Schlimmes auf der Welt. Aber ich kann nichts dafür. Und verändern kann ich auch nicht viel.« Andere sagen: »Ich kann's nicht mehr hören.« Und andere sagen nur: »Gott sei Dank, daß es mir nicht so schlecht geht.«

Aber es gibt – Gott sei Dank – auch diejenigen, die sagen: Es ist besser, ein Licht anzuzünden als über die Dunkelheit zu jammern.

Und es gibt sie, diese Menschen, die ein kleines Licht anzünden in der Hoffnung, daß viele kleine Lichter die Dunkelheit vertreiben können:

- die vielen Beter in aller Welt, die das Wort der Bibel miteinander teilen und einander mitteilen;
- die vielen Christen, deren Glauben ansteckt und begeistert: in Südkorea z. B., wo die Kirche in den vergangenen Jahren um mehr als das Doppelte gewachsen ist;
- die 300 000 Laien-Katecheten in aller Welt, die die Frohe Botschaft in den afrikanischen Busch tragen oder in die Elendsviertel der Weltstädte, um dort Trost zu spenden und Mut zu machen;
- die kirchlichen Entwicklungshelfer, die Ordensleute und Priester, die weltweit den Dienst für Gott und den Dienst

an den Menschen zu ihrer Lebensaufgabe gemacht haben.

Sie alle begnügen sich nicht damit, nur zu jammern oder in Jubel darüber auszubrechen, daß es ihnen nicht so schlecht geht wie der Mehrzahl der Menschen. Sie haben sich die Fragen und Sorgen der Menschen zueigen gemacht, anstatt sie zur Klage gegen Gott werden zu lassen und anstatt in Selbstgerechtigkeit zu verfallen.

Sie haben vielleicht verstanden, was ein arabischer Mystiker erzählt:

Eines Tages traf ein frommer Mann auf ein hungerndes und frierendes Kind. Er reagierte wie die meisten auf dieses Leid eines unschuldigen Menschen: Er klagte Gott an: Wie kannst du das zulassen? Doch Gott antwortete: Aber ich lasse es doch gar nicht zu. Erstaunt fragte er zurück: Aber was tust du dagegen? Und Gott antwortete: Ich habe dich erschaffen!

31. Sonntag im Jahreskreis

Lk 19, 1–10

Mit der Geschichte vom Zöllner Zachäus ist es wohl so ähnlich wie mit manchen Filmen, die man sich nach der zehnten Wiederholung immer noch anschauen kann: Sie sprechen einen irgendwie ganz tief drinnen an. Vielleicht liegt es auch daran, daß jeder sich in Zachäus wiederfinden kann. Er ist ja gewissermaßen ein »Sünder mit einem guten Kern«.

Ich habe einmal versucht, mich in ihn hineinzudenken. »Er war klein«, sagt Lukas. Vielleicht hat er sehr darunter gelitten. Vielleicht hat er sich von Kindheit an verächtliche Blicke und dumme Bemerkungen gefallen lassen müssen. So ist er obendrein noch klein gemacht worden.

Ich denke mir: Zachäus gehört zu den Menschen, die zu kurz gekommen sind. Bei denen sich im Herzen das Gefühl festsetzt: Eigentlich mag mich keiner. Und so ist vielleicht in ihm eine große Sehnsucht: nach Liebe, nach Verständnis, nach Annahme. All das bekommt er nicht.

Und so sinnt er auf Rache. »Euch werd ich's zeigen! Wartet nur, irgendwann zahl ich euch das heim!«

Mit Ehrgeiz und Energie macht er Karriere. Durch Ausbeutung anderer, Erpressung und Bestechung bringt er es bis zum Oberzöllner von Jericho und Umgebung. Ein Unternehmer mit vielen Untergebenen. Ein Wirtschaftskrimineller, dem man zwar nichts Handfestes nachweisen kann. Aber sein Geld stinkt.

Und was ist mit seiner Sehnsucht nach Liebe, nach Verständnis, nach Annahme? Sie ist noch genauso da wie früher, vielleicht sogar noch stärker. Aber sie ist verschüttet.

Er denkt sich nun: Gut, wenn mich schon keiner mag, dann soll man wenigstens vor mir Respekt haben. Sie sollen ruhig neidisch sein auf meinen Erfolg, auf meinen Besitz, auf

meinen Luxus. Wenn mich schon keiner gern hat, dann sollen sie mich wenigstens fürchten.
Und so wird aus Zachäus ein Mensch, der vom Ersatz lebt. Ein Mensch, der – bildlich gesprochen – mit Krücken durchs Leben geht. Er ersetzt Ansehen, Verständnis und Liebe durch Besitz und Macht. Er ersetzt seine Kleinheit durch äußere Größe. Sein Minderwertigkeitsgefühl durch den Anschein von Bedeutung.
Trotzdem bleibt seine Sehnsucht. Er nimmt sich zwar viel von den Menschen – aber das, wonach er eigentlich hungert, bekommt er nicht.
So zeigt mir seine Geschichte etwas, das für jeden Menschen gilt: Wir sind von Kindheit an – mehr oder weniger – mit anderen Menschen durch eine wechselseitige Geschichte von Schuld verbunden. So wie Zachäus selbst schuld ist an seiner Einsamkeit, an der Verachtung, die man ihm entgegenbringt. Wie aber auch die Menschen mit daran schuld sind, weil keiner in ihm den Menschen sehen wollte und sehen will.
Und seine Geschichte zeigt mir, was die Folgen von Schuld und Sünde sind: Sünde sondert ab. Sünde sondert Zachäus von Gott ab, weil er sein Leben auf Machbarkeit aufbaut. Sünde sondert Zachäus von den Leuten ab, weil er sie betrügt, ausbeutet und ruinieren kann. Und Sünde sondert die Leute von Zachäus ab, weil jeder ihn abstempelt, jeder ihn nur noch in seiner Rolle sieht und keiner den Menschen Zachäus mit seiner Sehnsucht nach Zugehörigkeit wahrnehmen will.
Darum schenkt man Zachäus kein An-sehen mehr. Man schaut ihn nicht mehr an. Man dreht ihm den Rücken zu. Er wird aus-gesperrt.
Und man schenkt ihm keine An-rede mehr. Keiner spricht mit ihm, höchstens dienstlich. Man behandelt ihn wie Luft. Sein Name wird zum Schimpfwort. Sein Name weckt Verachtung.
Darum braucht Zachäus auch den Baum als Ersatz, als

Krücke. Auf dem Baum kann er sich – wortwörtlich – darüber hinwegsetzen, daß ihm jedermann nur den Rücken zudreht, daß keiner mit ihm spricht oder zu tun haben will. Und dann kommt Jesus vorbei. Jesus, der diesen Zachäus an-sieht. Der ihn an-spricht und seinen Namen nennt, ohne dabei auszuspucken. »Zachäus, komm schnell herunter, denn ich muß heute in deinem Haus zu Gast sein!«
Mit einem Blick, mit einem Wort trifft er Zachäus im Innersten. Er heilt ihn von innen heraus. Er gibt ihm Ansehen. Und das genügt. Vielleicht zum erstenmal in seinem Leben erfährt Zachäus: Es gibt jemanden, der mich mag, der mich an-sieht, obwohl er mich durchschaut. Es gibt jemanden, der mich anredet, obwohl mein Name keinen guten Ruf hat. Es gibt jemanden, der zu mir kommen will.
Und dadurch ist Zachäus kuriert. Er braucht keine Krücken mehr. Er steigt vom Baum herunter und kommt wieder auf die Beine. Er braucht keinen Ersatz mehr. Jetzt, da ihm Liebe, Annahme und Verständnis geschenkt worden sind, braucht er kein Geld, keine Macht, keinen Luxus mehr als Ersatz. Ihm genügt, was er zum Leben braucht.
Er wollte sehen, wer dieser Jesus sei. Und er hat gesehen, wer dieser Jesus ist: einer, der An-sehen schenkt. Einer, der an-spricht und an-geht. Er sieht: Dieser Jesus, das ist der *Freund des Lebens*.
Ich frage mich am Ende dieser Geschichte: Ist es nicht auch meine Geschichte? Bin ich nicht genauso wie Zachäus ein Mensch, der *einmal* so von Jesus angeschaut werden will? Der *einmal* so urteilsfrei beim Namen genannt werden will? Der nur *einmal* so von Jesus den Satz hören will: »Ich muß heute bei dir zu Gast sein«.
In einem alten Hymnus aus meinem Brevier heißt es: Herr, wenn wir fallen, sieh uns an / und heile uns durch deinen Blick. Dein Blick löscht Fehl und Sünde aus / in Tränen löst sich unsre Schuld.

32. Sonntag im Jahreskreis

Lk 20, 27–38

Von Karl Marx stammt der Satz: »Die Religion ist das Opium des Volkes.« Er hat damit eigentlich sagen wollen: Der christliche Glaube ist bedeutungslos. Er hilft überhaupt nicht, ungerechte und lebensfeindliche Verhältnisse in unserer Welt zu verändern und zu überwinden. So wie Opium ja keine richtige Medizin ist, die den Menschen heilen kann, sondern nur als stärkstes Betäubungsmittel gegen Schmerzen verabreicht wird, wenn die Lage schon hoffnungslos ist.

Für Marx waren die Christen also Leute, die sich mit der Hoffnungslosigkeit abgefunden haben und den Glauben an die Auferstehung wie Opium gebraucht haben; nach dem Motto: Hier können wir ja doch nichts ändern. Aber im Jenseits, da werden wir dann endlich Gerechtigkeit erfahren. Auferstehungsglaube als Vertröstung, als Betäubung, als Opium – verabreicht von den Herrschenden und Mächtigen, damit alles so bleiben kann, wie es ist.

Hat sich daran viel geändert? – Die himmelschreiende Armut von damals, als die Industrie Männer, Frauen und Kinder rücksichtslos ausgebeutet hat, gibt es nicht mehr. Heute haben wir alles, was man sich wünschen kann. Wir haben manchmal sogar noch mehr, als wir brauchen und verbrauchen können.

Religion wird nicht mehr von den Mächtigen wie Opium verabreicht, damit die Ohnmächtigen nicht merken, wie schlimm es ist. Religion verabreicht man sich heute selbst. Die allermeisten Leute wollen, daß alles so bleibt, wie es jetzt ist. Man will sich nicht ändern und man will an der Welt nichts ändern. Wozu auch? »Wir kommen alle, alle, alle in den Himmel« – so heißt die Beruhigungspille Religion in unserem Jahrhundert.

Erst ganz langsam dämmert uns in Europa, daß das Evangelium etwas ganz anderes ist als ein Betäubungsmittel oder eine Beruhigungstablette. Zuallererst haben das die Christen in Lateinamerika begriffen. Auch dort war der christliche Auferstehungsglaube jahrhundertelang ein gutes Mittel, um die Armen arm zu halten und nichts ändern zu müssen. Gerechtigkeit, Leben, Frieden – das alles gibt es ja im Jenseits von Gott. Und hier auf der Erde, da bestimmen einige wenige Menschen, wer was bekommt. Und wer zu sehr darunter leidet, der hat ja die Tröstungen der Religion.
Inzwischen aber haben die Christen dort gelernt, daß das Evangelium ein Schrittmacher ist. Daß es die Kraft hat, zu heilen und zu verändern – auch das, was aussichtslos scheint. Man hat gelernt, daß der Glaube an die Auferstehung nicht etwas ist, was ohne Folgen für dieses Leben und für diese Welt bleiben kann. Nicht Vertröstung, nicht Betäubung, nicht Einlullen – sondern Sprengkraft.
Auferstehung heißt ja: Veränderung, Verwandlung – und zwar radikal. Es gibt keine umfassendere Verwandlung als die vom Tod zum Leben. Darauf zielt die ganze Predigt Jesu, darauf zielt sein Handeln, wenn er Kranke heilt, Sündern neues Ansehen gibt und Tote auferweckt. Und darauf zielt sein Leben, das er am Kreuz beendet, damit an ihm für alle Welt sichtbar wird: Gott hat die Macht, auch den hoffnungslosesten Tod in Leben zu verwandeln.
An Jesus wird sichtbar, daß der Mensch zum Leben und zu nichts anderem als zum Leben geschaffen ist. Darum bedeutet Christsein für mich: dem Leben dienen, weil Gott der Gott der Lebenden ist. Christsein bedeutet für mich, dem Sterben entgegenhandeln und entgegenleben.
Ich sehe immer mehr, wie sehr wir von einem unglaublich trostlosen Sterben umgeben sind:
Beziehungen sterben – und Menschen vereinsamen.
Die Liebe stirbt – und Ehen zerbrechen, Familien zerrütten und Menschen verbittern.
Gefühle und Feinfühligkeit sterben – und Menschen

stumpfen ab, verrohen und werden rücksichtsloser und egoistischer.
Die Kultur stirbt – und immer weniger Menschen haben noch ein Gespür für Bildung und Kunst, immer mehr Menschen können nicht einmal mehr lesen und schreiben.
Leben stirbt – schon ungeboren im Mutterleib werden Kinder getötet.
Der Wald stirbt genauso wie das Wasser und die Luft, und der Mensch stirbt auch daran.
Die Liste ließe sich fortsetzen.
Christsein und an die Auferstehung der Toten glauben – das heißt für mich, all diesem Tod entgegenzutreten mit der Überzeugung, daß Gott hier nicht den Tod will, sondern das Leben.
Christsein und an die Auferstehung der Toten glauben, das heißt für mich Ernst machen mit dem Wort Jesu: »Gott ist ein Gott der Lebenden und nicht der Toten.«
Das bedeutet für mich die Hoffnung, daß ich auch nach meinem leiblichen Tod einmal zu den Lebenden gehöre, die Gott um sich sammelt.
Aber das ist für mich keine Betäubung angesichts des Todes. Das ist für mich keine Beruhigungstablette, die bewirkt, daß ich die Hände in den Schoß lege. Das ist für mich Ansporn und Schrittmacher. Denn ein Satz im heutigen Evangelium läßt mich aufhorchen:
»... die aber, die Gott für würdig hält an jener Welt und die Gott für würdig hält, an der Auferstehung der Toten teilzuhaben ...«
Ja, kommen wir denn nicht alle, alle, alle in den Himmel? Die Entscheidung darüber muß ich Gott überlassen. Aber ich kann mir gut vorstellen, daß Gott diese Entscheidung danach fällt, ob und wie sehr ich hier dem Leben gedient habe oder den Tod gesät habe. Ob und wie sehr ich in dieser Welt schon tot bin oder wie ich hier lebe.

33. Sonntag im Jahreskreis

Lk 21,5–6

Ein furchtbares Wort, das Jesus da sagt. Und es hat ihn letztlich auch Kopf und Kragen gekostet. Schließlich hat er öfter den Tempel kritisiert. Und nach der Leidensgeschichte war es auch jene Aussage von zwei Zeugen, die ihm das Genick gebrochen hat: »Er hat gesagt, daß *er* den Tempel niederreißen und in drei Tagen wieder aufbauen wird.«

Jesus hat recht behalten. Knapp vierzig Jahre nach seinem Tod ist bei der Zerstörung Jerusalems durch die Römer auch der Tempel niedergerissen worden. Kein Stein ist auf dem anderen geblieben. Die Juden wurden in alle Welt verschleppt und zerstreut.

Der Tempel – das war für die Juden der Angelpunkt für ihr ganzes Selbstverständnis. Der Tempel auf dem Zionsberg – das war der Ort, den Gott sich als Wohnsitz erwählt hat, um für immer unter seinem auserwählten Volk Israel zu wohnen. Im Tempel, im Allerheiligsten stand Gottes Thron. Das war für die Juden das sichtbare Zeichen und die Garantie, ein besonderes Volk unter allen Völkern zu sein: Gott hat sich dieses Volk Israel erwählt, damit es vor aller Welt zeigt und lebt, wie Menschen wirklich miteinander umgehen sollen, wie sie Gerechtigkeit, Frieden, Gemeinschaft und Liebe unter den Augen Gottes leben. Und die Verheißungen der Propheten sagen: »Wenn Israel wirklich so lebt, wenn Gott in seiner Mitte als der Herr wohnt, dann wird das für alle Völker eine At-traktion sein. Das wird auf sie so eine Anziehungskraft ausüben, daß sie eines Tages alle kommen und diesen Gott Jahwe anbeten. Am sichtbaren Leben seines Volkes werden sie den unsichtbaren Gott erkennen. Das Volk Gottes ist ein lebendiger Gottesbeweis.«

Aber so war es zur Zeit Jesu weiß Gott nicht. Für Jesus war

der Tempel ein Symbol für gott-lose Gottesverehrung, für einen Kult, der Gott längst los-geworden war. Der Tempel – das war nur noch Routinebetrieb und diente zur Gewissensberuhigung eines ganzen Volkes. Der Glaube, daß Gott mitten unter seinem Volk wohnt, war nur noch eine leere Worthülse. Das Leben der Leute sprach genau das Gegenteil: Gott wohnt nicht in unserer Mitte, sondern wir stehen im Mittelpunkt.

Für Jesus aber ging es einzig und allein darum, daß Gott wieder in der Mitte seines Volkes wohnen kann, daß man ihm (seinem Reich, sagt er) Raum gibt.

Und weil Israel seiner Berufung nicht gerecht wird, auserwähltes Volk Gottes zu sein, Licht für die Welt, Stadt auf dem Berg – darum fängt Jesus an, ein neues Volk Gottes zu bilden. Er sammelt die Apostel um sich, zwölf an der Zahl – sie stehen stellvertretend für die zwölf Stämme des neuen Israel. Er sammelt Jünger um sich und schult sie. Denn sie sollen den Sauerteig abgeben für das neue Volk Gottes. Sie sollen die neue Gesellschaft bilden und leben. Sie sollen ein Kontrast sein zur bisherigen Gesellschaft. Sie sollen leben, wie sich Gott ein Leben der Menschen in Gemeinschaft, in Liebe, Gerechtigkeit und Frieden vorstellt.

Darum schärft er ihnen immer wieder ein: Bei euch soll es nicht so sein ... wie bei den Mächtigen, wie bei den Reichen, Satten, Gewalttätigen und Großen dieser Welt. Die ganze Bergpredigt gilt erst einmal denen, die die Keimzelle des neuen Volkes Gottes sind.

Und so fängt Jesus an, einen neuen Tempel zu bauen: quer durch alle politischen Lager, durch alle Bildungsschichten und alle gesellschaftlichen Rollen.

Wenn Gott aber nicht mehr unter seinem Volk lebt, wenn Gott längst nicht mehr in seinem Tempel wohnt – dann braucht man den Tempel nicht mehr. Für Jesus ist der neue Tempel jeder einzelne, der Gott in seinem Leben Raum gibt: »Wißt ihr nicht, daß ihr der Tempel Gottes seid und der Heilige Geist in euch wohnt?«

Für Jesus ist der neue Tempel die Gemeinde, die sich im Glauben an und um Gott versammelt: »Wo zwei oder drei in meinem Namen versammelt sind ...« Für Jesus ist der neue Tempel die Kirche, der jede(r) einzelne als lebendiger Stein angehört.

Die Kirche soll also genau das sein, was Israel eigentlich hätte sein sollen: auserwähltes Volk Gottes. Ein Licht für die Welt. Eine Alternative zum üblichen Lebensstil. Ein Vorbild, wie Leben miteinander unter den Augen Gottes aussieht.

Kirche heißt ek-klesia: die Herausgerufenen, die Ausgesonderten, die Erwählten. Es sind diejenigen, die Gott aus den übrigen herausruft, auswählt, damit sie allen anderen Vorbild sind. Das heißt aber dann: Kirche kann nur dann erst wirklich Kirche sein, wenn sie der Gesellschaft gegenübertritt und eine Alternative darstellt. Wenn es in ihr eben nicht so zugeht wie überall auch. Kirche ist dann Kirche, wenn sie »nicht von dieser Welt, aber für und in dieser Welt« wirkt.

Allerdings glaube ich, daß wir heute eine Situation vor uns haben, die ganz ähnlich ist wie zur Zeit Jesu. Wir haben eine Volkskirche, der zwar viel Volk angehört, die aber nicht Gottes Volk ist. Man läßt zwar seine Kinder automatisch taufen, zur Kommunion gehen, firmen. Man heiratet kirchlich und will auch kirchlich beerdigt werden. Aber ein Bewußtsein, als Getaufter auserwählt zu sein, anders zu sein als die Nicht-Getauften, den Auftrag zu haben, mit allen Getauften mitzubauen am neuen Tempel, am Wohnort Gottes in unserer Welt – das fehlt.

Wo sieht man denn heute, daß Christen alternativ zu den Trends und Zwängen unserer Gesellschaft leben? – Darum ist die Kirche keine Alternative, kein Sauerteig. Ihr Licht geht langsam aus, ihr Salz wird schal.

Solange es uns nur darum geht, eine Kirche (im Dorf) zu *haben*, solange wir Kirchen*besucher* zählen (wie in einem Museum) und solange wir kein Gespür dafür entwickeln, daß wir selber Kirche *sind* oder sein sollen, solange geht es weiter bergab.

»Es wird eine Zeit kommen, da wird von allem, was ihr hier seht, kein Stein auf dem andern bleiben; alles wird niedergerissen werden.« Wahrscheinlich hat Jesus recht. Denn wenn ein Stein nach dem andern wegbleibt, wenn immer weniger sich einbauen lassen wollen in Gottes Bau – dann wird bald kein Stein mehr über dem andern sein.

Wenn immer weniger Getaufte bereit sind, sich *innerhalb* der Gemeinde einzusetzen – wie soll die Kirche dann nach *außen* wirken und für andere Menschen eine Alternative, ein Licht, ein Vorbild sein?

Genau das aber ist Jesu Anliegen und das Wesen der Kirche: Jeder Berufene ist ein Tempel Gottes, ein Ort seiner Anwesenheit in dieser Welt. Jede Gruppe, jede Familie, jede Ehe von Christen kann zum Tempel werden, zu einem Ort, an dem Gott mitten in unserer Welt wohnt.

Aber dazu müssen wir enorm umdenken. Dazu müßte erst einmal allen ihre ganz persönliche Kirchenberufung klar werden. Und viele müßten den Mut finden, dazu zu stehen – ohne Rücksicht auf die anderen.

Denn nicht das Bewußtsein, von Gott berufen zu sein, prägt das Verhalten vieler Christen, sondern die Frage: Was sagen die andern? Nicht die Erkenntnis »Ich habe von Gott einen Auftrag in der Kirche und für die Welt« ist der Maßstab, sondern eine Vorstellung von Kirche als Dienstleistungsbetrieb.

Statt sich um Versöhnung in den eigenen Reihen zu bemühen, vererben manche Familien Streitigkeiten weiter, die seit Generationen da sind.

Und vor allem kennzeichnet unsere Gemeinden diese furchtbare Bequemlichkeit, die alles auf die Schultern von einigen wenigen lädt. Solange man seine Kirchenberufung darauf beschränkt, die Kirche zu besuchen, in die Kirche zu gehen – nicht aber Kirche zu sein, solange wird sich nichts ändern.

Beispiel Kirchweih: Das war einmal ein Fest, an dem Christen die Anwesenheit Gottes gefeiert haben, im sichtbaren Bau des Gotteshauses und im sichtbaren Leben der Gemeinde. Heute sind die Kirchen zu Kirchweih leerer als sonst, weil Kirchweih zu einem Volksfest verkommen ist und die meisten zum Gottesdienst noch ihren Rausch ausschlafen müssen.

Beispiel Firmung: Das ist ein Fest, wo Getaufte ja sagen zu ihrer Berufung und Erwählung, wo sie ja sagen zu ihrer Kirchenberufung und ja sagen zu einem Leben aus dem Glauben, das Licht und Sauerteig und Vorbild ist.

In Wirklichkeit sieht es anders aus. Die Firmung ist ein gesellschaftliches Ereignis und nicht etwas, was die Gemeinde angeht. Die meisten Eltern werden wieder sagen: »Macht doch ihr Hauptamtlichen die Vorbereitung. Wir haben keine Zeit.« Daß aber Eltern sich als Steine im Bauwerk Kirche verstehen, auf denen Gemeinde von morgen gebaut oder eben nicht gebaut wird, das kommt selten vor.

Und solange unsere Bischöfe weiter daran festhalten, daß man einfach so tauft, daß man ohne vorherige Glaubensunterweisung heiraten kann, daß man Kinder jahrgangsweise durch Erstkommunion und Firmung schleust, nur daß einem ja keiner durch die Lappen geht – solange Menschen nicht wirklich ernsthaft vor die Entscheidung gestellt werden *dürfen*, ob sie überhaupt zu dieser Kirche gehören und gehören wollen – solange werden wir zwar viel *Volk haben*, aber nicht *Volk sein*.

»Es wird eine Zeit kommen, da wird von allem, was ihr hier seht, kein Stein auf dem andern bleiben; alles wird niedergerissen werden.«

Vielleicht muß die Kirche erst gesundschrumpfen, bevor sie wieder wachsen kann. Wie lange es noch dauert, weiß ich nicht. Es kracht jedenfalls schon ziemlich im Gebälk der Kirche.

Vielleicht läßt sich die heutige Kirche noch einmal sanieren und renovieren. Vielleicht muß sie aber auch einstürzen.

Vielleicht muß unsere gutbürgerliche, selbstzufriedene und müde Kirche einstürzen, damit aus den Trümmern eine neue, wahrere und überzeugtere Kirche entstehen kann: eine Kirche, in der sich jeder und jede Getaufte als berufen weiß, unter den Augen Gottes vorbildhaft, zeichenhaft und wahrhaft zu leben, was Gott für alle Menschen will; ein Leben in Liebe und Gemeinschaft, in Frieden und Gerechtigkeit.

34. Sonntag im Jahreskreis (Christkönig)

Lk 23, 35–43

In Rom wurde irgendwann einmal bei Ausgrabungen eine Zeichnung gefunden, die jemand im 3. Jahrhundert in Stein geritzt hat, um einen Christen zu verspotten. Darauf sieht man einen Gekreuzigten mit einem Eselskopf, und darunter einen jungen Mann, der zu diesem Gekreuzigten aufschaut. Dabei steht geschrieben: »Alexamenos betet seinen Gott an.«

Schon damals war der Esel ein sprichwörtliches Tier für Dummheit. Jesus – ein Esel? Einer, der sich lächerlich macht, der so dumm ist, sich ans Kreuz schlagen zu lassen? Einer, der König sein wollte und nun hilflos zwischen Himmel und Erde hängt?

Im Evangelium hören wir ähnliches. Da wird Jesus gleich mehrmals verspottet und verlacht: von den führenden Politikern, von den Militärs, durch die Inschrift über seinem Kopf und von dem einen Verbrecher an seiner Seite. Immer ist es der gleiche Satz, der gegen ihn vorgebracht wird: »Wenn du der Messias bist – dann hilf dir selbst!«

Es ist der gleiche Spott, der nicht nur Jesus trifft, sondern auch diejenigen, die an ihn glauben: Alexamenos betet seinen Gott an – und wer einen anbetet, der so dumm ist, sich wehrlos ans Kreuz schlagen zu lassen, der ist wohl selbst auch nicht recht bei Trost.

Ist es nicht gerade diese Ohnmacht Gottes, die uns zum Widerspruch reizt? Ist es nicht gerade der Satz: »Heute noch wirst du mit mir im Paradies sein«, der die Christen selber auf eine ganz falsche Spur geführt hat?

1. Für viele Menschen in und außerhalb der Kirche hat Jesus in dieser Welt nichts mehr zu sagen. Er ist gewissermaßen der erste Arbeitslose der Neuzeit. Seit seiner Himmelfahrt kann er Urlaub machen. Er herrscht »nur« im

Himmel, im Jenseits, allenfalls hat er noch Bedeutung für die private Moral von einzelnen. Aber alles andere regelt der Staat und die Gesellschaft. Viele haben sich abgefunden mit der Trennung der Welt in zwei Reiche: ein weltliches und ein geistliches.

Vorhin haben wir gesungen: »Christ A und O der Welten«. Es hat den Anschein, als ob man Christus nur am Anfang und am Ende der Welt König sein lassen will. Die übrigen Buchstaben des Alphabets, die dazwischen liegen, die schreibt der Mensch allein. Aber ist Christus wirklich König, wenn man ihm nur das Jenseits und den Himmel zubilligt?

2. Viele Christen haben sich anscheinend damit abgefunden, daß Jesus und sein Evangelium für den Alltag, für die Welt praktisch unbrauchbar und unbedeutend sind. Darum entfaltet das Evangelium auch keine gesellschaftsverändernde Kraft.

   Andere haben sich genau das erhofft: eine Revolution, eine Umgestaltung der Welt – notfalls mit Gewalt. Schon Jesus hat viele seiner Zeitgenossen enttäuscht, weil er keinen gewaltsamen Machtwechsel wollte. Er hat klar und deutlich gesagt, daß er nicht mit Gewalt Menschen bekehren will.

3. Und darin unterscheidet sich sein »Königtum« von aller menschlichen Macht: Er kommt gerade nicht mit Macht, nicht mit einem politischen Programm, nicht mit Streitkräften, nicht durch Terror. Er kommt als Mensch. Er ist ein König, der mitten unters Volk geht. Sein Reich kommt nicht von dieser Welt, sondern von Gott – für diese Welt. Er will, daß Gott und seinem Willen in dieser Welt Raum gegeben wird. Damit ist sein Reich die wahre Alternative zur Herrschaft von Menschen über Menschen. Er will, daß schon hier auf der Erde Gott regiert und die Menschen als Geschwister zusammenleben. Darum können wir zu Recht singen: »Sein Reich ohn' alle Grenzen ist« ...

Zu fragen wäre für uns heute, wo sein Königtum überall noch an Grenzen stößt – ob außerhalb der Kirche oder in der Kirche selbst. Zu fragen wäre für uns heute, was wir tun könnten, damit Christus immer mehr als König herrschen kann.

Vielleicht ginge es erst einmal darum, die Grenzen abzubauen, die es verhindern, daß Jesus König sein kann: weil immer noch Menschen über Menschen herrschen.

– Berührt uns eigentlich die Grenze zwischen den christlichen Konfessionen, zwischen katholisch und evangelisch und orthodox?
– Berührt uns eigentlich die Grenze und Trennung zwischen Mann und Frau, die in vielen Bereichen der Gesellschaft und der Kirche echte Gleichberechtigung verhindert?
– Berührt uns eigentlich die Grenze zwischen schwarz und weiß, zwischen Ausländern und Einheimischen, die manche in unserem Land wieder sehr hart aufrichten möchten?

Für mich ist das, was in und mit der DDR passiert ist, ein Signal geworden: Auch wenn es in den Presse- und Fernsehberichten jetzt fast untergeht; die Reformbewegung und die Öffnung der Grenze ist zu einem großen Teil auf die Christen zurückzuführen, die daran festgehalten haben, daß nicht ein Staat oder eine Einheitspartei sich die Allmächtigkeit anmaßen darf, sondern daß Gott allein diese Macht gehört. Aus diesem Glauben, daß Gott, daß Christus König ist und es sich unter seiner Herrschaft besser leben läßt als unter der Herrschaft von Menschen, haben sie die Kraft gehabt, jahrzehntelang zu beten und auch in die Öffentlichkeit zu gehen.

Das ist für mich ein Zeichen, wie politisch eigentlich unser Bekenntnis ist, wenn wir sagen: »Christus ist König. Sein Reich ohn' alle Grenzen ist. Ohn' Ende muß es währen.«

Alle politische Aktivität, alle Regierungsgeschäfte sind letztlich vorläufig und müssen sich daran messen lassen, ob

sie Jesus als König anerkennen und den Menschen zu einem besseren Menschsein verhelfen oder nicht. Darum können und dürfen sich Christen auch nicht aus der Politik heraushalten.
Wer sagt: »Christus ist König« – der muß auch im Leben dafür einstehen. Auch, wenn er ausgelacht und als Esel verspottet wird.